Halligen –
Entdecken und erleben

W0369285

Frank Timrott · Jennifer Timrott

Halligen –

Entdecken und erleben

Wachholtz

INHALT

DIE HALLIGEN

Die Halligen. Kleine Stückchen Land draußen im Meer vor der nordfriesischen Festlandsküste. Flache Silhouette, Hügel mit ein paar Häusern, einige wenige Einwohner. Rundherum das Meer, die besondere Landschaft der Salzwiesen, Vögel, Natur. Eine Landschaft zwischen Land und Meer, bei Sturm regelmäßig überflutet.

Sie können die Halligen mit dem Schiff erreichen, manche mit der Lorenbahn, wieder andere auch zu Fuß mit einer Wattwanderung.

Was mag das dort für ein Leben sein? Wie sieht es dort aus? Wie fühlt es sich an?

Wir wollen Sie mitnehmen auf die Halligen, wollen Ihnen einige Informationen an die Hand geben und Sie ermutigen, sie sich selbst anzusehen, die schwimmenden Träume. Mehr Meer als auf der Hallig geht nur auf einem Schiff.

» *Außer den größeren Inseln Nordstrand, Pellworm, Föhr, Amrum und Sylt, welche samt und sonders zum Herzogtum Schleswig gehören, gibt es zwischen denselben zerstreut noch eine Anzahl von etwa vierzehn kleineren Inselbrocken, die ebenfalls bewohnt sind, in ihrer völligen Schutzlosigkeit gegen die Wirkungen der Fluten jedoch, namentlich aber der Sturm- und Springfluten, höchstwahrscheinlich dereinst ganz vom Meere verschlungen werden. Wie jene größeren Inseln sind auch diese kleineren Inselbrocken Trümmer einer vor Jahrhunderten durch ungeheure Spring-Sturmfluten untergegangenen Welt. Zum Unterschiede von den Inseln der Westsee nennt man diese dürftigen Überbleibsel eines ehedem ungemein fruchtbaren und reich bevölkerten Landes ›Halligen‹, ihre Bewohner aber ›Halligmänner‹«*
(Ernst Willkomm: Der Halligmann, 1850)

Abendstimmung im Fahrwasser vor Oland.

01

FAHRT DURCH DAS HALLIGMEER

Bereits auf dem Weg zum Hafen haben Sie mit dem Auto oder dem Bus Orte passiert, die einst Halligen waren. An Bord des Schiffes verlassen Sie nun den Festlandshafen Schlüttsiel im Hauke-Haien-Koog und fahren langsam ins Halligmeer. Pricken markieren das schmale Fahrwasser. Sie fahren zwar nicht über Rungholt, wie der Dichter Liliencron es beschrieb, aber Sie fahren über altes Kulturland. Einst war hier fast alles Land, das im Mittelalter versunken ist.

Die erste Hallig, die rechts, steuerbords, auftaucht, ist Oland, eine kleine Hallig mit einer großen Warft. Links, backbords, taucht bald Habel auf. Klein, eine Warft mit nur einem Haus. Und etwas später Hallig Gröde. Flaches Land, nur zwei Warften an der Westseite der Hallig. Steuerbords der Damm zwischen Langeness und Oland, und etwas voraus die Hallig Langeness.

Wenn Sie Strucklahnungshörn auf der Halbinsel Nordstrand als Abfahrtshafen gewählt haben, ist die erste Hallig, die backbords, links, in Sicht kommt, Südfall. Nach der Kursänderung Richtung Norden an Steuerbord als erste Hallig Nordstrandischmoor. Unverkennbar mit ihren vier kleinen Warften. An Backbord, links, die Insel Pellworm. Dann kommt steuerbords die Hamburger Hallig. An der Nordseite eine Warft mit einem leuchtend weißen Haus. Sie haben gerade das Zentrum der untergegangenen großen Insel Alt-Nordstrand überquert. Nordstrandischmoor und die Hamburger Hallig sind alles, was davon geblieben ist. Bald kommen an Steuerbord Habel und dann Gröde in Sicht. Voraus jetzt die Hallig Langeness.

An der langen Hallig Langeness mit ihren aneinander gereihten Warften geht es weiter in Richtung Westen. Am Horizont erscheint voraus jetzt Hallig Hooge mit zwei größeren und mehreren kleineren Warften sowie dem markanten Sendemast auf Ockenswarft ganz links.

Süderoog und Norderoog bleiben hinter dem Horizont oder hinter Hallig Hooge verborgen.

» *Inzwischen rückten wir dem Archipelagus der Westsee doch etwas näher, denn kurz vor Sonnenuntergang konnten wir deutlich einige Häuser auf Pellworm erkennen. Links von diesen wie in Blut getauchten spitzen Hügeln standen mitten im Meere teils einzeln, teils in Gruppen geordnet, wunderliche Zacken, die jedermann für gewaltige Felstrümmer halten mußte. Ich wendete mich fragend an meinen Piloten, um zu erfahren, welche Namen wohl die Küstenfahrer diesen Zacken und Kegeln beigelegt haben möchten. Zu meinem nicht geringen Erstaunen erwiderte dieser, es seien dies menschliche Wohnungen, ›Häuser der Halligmänner‹.« (Ernst Willkomm: Der Halligmann, 1850)*

02
EINE LANDSCHAFT ENTSTEHT

Die Landschaft des heutigen Wattenmeers mit den Halligen und Inseln ist eine Landschaft, deren Teile sehr unterschiedlich alt sind. Es gibt Spuren Jahrtausende alter Besiedelung auf den Inseln, auf der anderen Seite hat die Nordsee diese Landschaft nachhaltig umgewälzt und neu gestaltet. Die Halligen sind im Wesentlichen recht junge Gebilde, auch wenn die Namen von Gemeinden wie Oland schon im hohen Mittelalter auftauchten.

DIE ENTSTEHUNG DER ALTEN MARSCH

Die Uthlande sind die dem Geestrücken des nordfriesischen Festlands vorgelagerten Inseln, Halligen und Marschen. Die Uthlande wurden durch die Kraft des Meeres umgewälzt und verändert wie kaum eine zweite Landschaft.

Jahrtausende alter Baumstumpf im Watt. Einst war hier Wald.

Wo heute Meer ist, war einst Land. Pellworms alte Kirche am Horizont steht noch auf alter Marsch.

» *Einst waren große Eichenwälder an unsrer Küste, und so dicht standen in ihnen die Bäume, dass ein Eichhörnchen meilenweit von Ast zu Ast springen konnte, ohne den Boden zu berühren. Es wird erzählt, dass bei Hochzeiten, welche durch den Wald zogen, die Braut ihre Krone habe vom Haupte nehmen müssen; so tief hing das Gezweig herab. In den Tagen des Hochsommers war unablässig Schattenkühle unter diesen Waldesdomen, die damals noch der Eber und der Luchs durchstreiften, indessen oben, nur von den Augen der revierenden Falken gesehen, ein Meer von Sonnenschein auf ihren Wipfeln flutete.*

Aber diese Wälder sind längst gefallen; nur mitunter gräbt man aus schwarzen Moorgründen oder aus dem Schlamm der Watten noch eine versteinerte Wurzel, die uns Nachlebende ahnen lässt, wie mächtig einst im Kampfe mit den Nordweststürmen jene Laubkronen müssen gerauscht haben.«

(Theodor Storm: Eine Halligfahrt, 1871)

Dort, wo heute die Halligen und Inseln liegen, streiften vor Tausenden von Jahren in der letzten Eiszeit Jäger umher. Die Nordseeküste befand sich in Höhe der Doggerbank, der Meeresspiegel bis zu 140 Meter unter dem heutigen Niveau. Als das Eis taute, stieg der Meeresspiegel schnell, phasenweise um bis zu zwei Meter pro Jahrhundert.

Vor dem heutigen Nordfriesland hielt ein Nehrungswall zwischen den Geestkernen das Meer ab, doch das Wasser stieg weiter. Das Land hinter den Dünen vermoorte, Seen und Schilfsümpfe entstanden. Ungefähr vor 2.500 Jahren entstanden die ersten Seemarschen. Sedimente wuchsen über das Mittlere Tidehochwasser auf. Queller siedelte sich an, Salzwiesen entstanden. Die alte Marsch war geboren. Große und kleine Flächen Marschland wurden von Wasserläufen und Prielen durchzogen. Menschen besiedelten das Land.

Tipp: ***Vor den Halligen Langeness und Gröde kann man mit etwas Glück im Watt freigespülte Baumstümpfe entdecken. Sie sind zwischen 7000 und 9.000 Jahre alt.***

oben: Priele prägen das Gesicht der Landschaft.
unten: Schichtungen des Halligbodens. Die helle Schicht ist muschelreicher, die dunkle enthält mehr Sediment.

WAS IST EINE HALLIG?

Der Begriff Hallig umfasste in alten Zeiten nicht nur die kleinen, unbedeichten Inseln, sondern auch das Vorland über dem mittleren Hochwasser. Hallig bezeichnete bis in die frühe Neuzeit alles Land, das bei hohen Wasserständen oft überflutet wurde.

Heute steht der Begriff für die kleinen Marschinseln im Wattenmeer.

Das Halligland ist flach und von Prielen durchzogen. Auf einer Hallig steht man nur gut einen Meter über dem Meeresspiegel, was man bei Flut auch sehen kann. Nur die Warften erheben sich mehrere Meter. Eine amphibische Landschaft.

Eine Hallig ist keine Insel. Die einen sagen, eine Insel sei nur dann eine solche, wenn sie über einen Geestkern verfüge, so wie Amrum, Föhr und Sylt. Eine Hallig sei reines, ungeschütztes Marschland, also keine Insel. Die anderen sagen, wenn man Land eindeiche und die Salzwasserfauna in Süßwasserfauna überginge, habe man eine Insel. So wie zum Beispiel Pellworm.

Das Halligland, auf dem der Mensch heute steht, liegt mehrere Meter über dem eiszeitlichen Grund und dem Torf der alten Moore und doch nur wenig über dem durchschnittlichen Hochwasser. Das Meer nagte an den Landflächen, brach Stück für Stück der Halligkante wieder weg. Jahrhunderte lang.

Strömungsbedingt wird an der Seeseite weggenommen, an der rückwärtigen Wattseite wieder angeschwemmt. Leider nicht in gleichem Ausmaß. Die dadurch entstehenden Landverluste machten die Besiedelung der unbedeichten Salzwiesen so problematisch. Die untergegangenen Halligen

Die Halligen erheben sich nur wenig über dem Meer.

und die historischen Landverluste der noch bestehenden führen dies drastisch vor Augen. Aber eine Hallig wächst auch. Mit jeder Sturmflut trägt das Meer neues Material heran, das auf der Oberfläche zurück bleibt. Das kann man gut an den Schichten zum Beispiel an den Prielkanten erkennen. »De blanke Hans – he givt un nimmt!«, sagt man auf den Halligen.

Die Halligbewohner versuchten alles, um ihr kleines Eiland mit Hilfe von Landgewinnung zu vergrößern. Erst vor gut hundert Jahren hatte der Landverlust ein Ende. Die verbliebenen Halligen erhielten Steinkanten.

Tipp:* *Achten Sie einmal an den Prielkanten einer Hallig auf die Schichtung. Sie werden Streifen verschiedener Helligkeit bemerken. Die hellen Streifen sind reicher an Muschelschill und entstanden in Sturmfluten. Die dunkleren entstanden durch Sedimentation bei normalem Landunter.

ES LEBEN MENSCHEN AUF HÜGELN

Die älteste Information, dass Menschen die Gegend des heutigen Nordfriesland besiedelten, stammt von dem Griechen Pytheas von Massilia, der um 330 v. Chr. die Nordsee befuhr. Guttonen hätte er getroffen, die eine Schiffstagesreise von der Insel Abalus, möglicherweise das heutige Helgoland, entfernt lebten.

Bekannt mag einem vorkommen, was Plinius der Ältere im Jahre 77 n. Chr. über das Land der Chauken schreibt. Diese lebten in den Marschen des heutigen Ostfrieslands bis zur Elbmündung, ihre Lebensbedingungen ähnelten, wie die aller Marschbewohner, stark dem kargen Leben auf den Halligen.

» *Hier überflutet der Ozean zweimal binnen Tag und Nacht in ausgebreiteter Flut einen unermesslichen Landstrich und verursacht einen ewigen Streit in der Natur, so dass man nicht weiß, ob diese Gegend zum Land oder zum Meer gehört.*«, *schreibt Plinius, und weiter:* »*Ein armseliges Volk wohnt dort auf hohen Hügeln oder mit Händen gemachten Erdhaufen, welche die höchste bekannte Flut überragen. Wenn das Wasser die umliegende Gegend bedeckt, sehen die Leute in ihren auf den Hügeln errichteten Häusern aus wie Schifffahrer, und wenn es sich wieder verläuft, scheinen sie Schiffbruch gelitten zu haben und machen Jagd auf die Fische, welche in der Gegend ihrer Hütte mit dem Meer entfliehen wollen. Sie sind nicht so glücklich, dass sie Vieh halten können wie ihre Nach-*

barn; ja, weil hier weit und breit alles Gesträuch gleichsam vertrieben ist, so haben sie nicht einmal Gelegenheit, die wilden Tiere anzugreifen. Sie flechten Fäden aus Seegras und Sumpfbinsen, um Netze zu haben, die sie den Fischen entgegenstellen können und trocknen den mit Händen geformten Kot mehr beim Winde als in der Sonne. Regenwasser, das sie vor ihren Wohnungen in Gruben aufbewahren, ist ihr einziges Getränk.« (Plinius Secundus: Naturalis historia)

Man baut auf den Halligen bis heute auf Warften. Die Herstellung von Brennmaterial aus Kuhdung, die Ditten, und das Auffangen von Regenwasser in einer großen Grube, dem Fething, und im Sodbrunnen waren auf den Halligen bis vor etwa 50 Jahren üblich und notwendig.

Tipp:* *Die Warften, also die Wohnhügel, sind auf den Halligen kaum zu übersehen. Sie geben der Hallig ihre typische Silhouette. Fethinge sind die auf vielen Halligwarften heute noch zu besichtigenden Teiche. Die Einfassungen der Sodbrunnen sind oft ebenfalls noch zu sehen. Und Ditten, also getrockneten Dung als Heizmaterial, kann man in den Museen auf Hooge (Königspesel) und Langeness (Tadsenhaus) anschauen.

DIE FRIESEN UND DER FRÜHE DEICHBAU

Die Friesen bewohnten zunächst das Gebiet zwischen Rhein- und Elbemündung. Sie wurden vom römischen Feldherrn Drusus erwähnt und unterworfen und waren bereits in der Römerzeit als Seefah-

oben: Spuren des mittelalterlichen Torfabbaus im Watt vor Hallig Langeness. links: Eine Warft im Winter am vereisten Priel.

rer berühmt. Friesen beherrschten bis ins frühe Mittelalter die Handelsrouten nach England und Schweden. Um das Jahr 800 wanderten die Friesen dann von Süden her nach Nordfriesland ein, während von Norden die Dänen kamen. Archäologische Funde zwischen Hallig Hooge und Japsand belegen eine friesische Landnahme um diese Zeit. Die Friesen behielten ihre Kontakte in die alte Heimat, und so kamen von dort auch die Kenntnisse über Entwässerung, Urbarmachung und Bedeichung von Marschland. Die ersten Deiche im hohen Mittelalter waren nicht hoch. Mit 0,9 bis 1,3 Meter erreichten sie ungefähr die Höhe der heutigen Sommerdeiche auf den Halligen. Die Friesen begannen auch den Abbau von Salztorf im Watt. Durch die Trocken-

oben: Der alte Taufstein der Gemeinde Nordmarsch aus dem 13. Jahrhundert. rechts: Das Meer schlägt bei Sturm mit Kraft gegen das Land. Wenn es schlimm kommt, bringt es Vernichtung und Verderben.

legung und den Torfabbau sackte das Land ab, bis es teilweise unter dem Meeresspiegel lag. Das sollte sich später als fatal erweisen.

Tipp: *Spuren früher Deiche kann man insbesondere um die Hallig Südfall im Watt finden. Spuren des Salztorfabbaus, insbesondere die typischen parallelen Strukturen im Watt, die entstehen, wenn die Grassoden über der Torfschicht auf die Seite geworfen werden, sind im Watt vor den Halligen Langeness und Hooge mit Glück zu erkennen.*

IM MITTELALTER

Im Mittelalter gehörte das Halligland dem Dänenkönig in seiner Eigenschaft als Herzog von Schleswig und Lehnsmann des römisch-deutschen Kaisers. Die dänische Südgrenze im frühen und hohen Mittelalter markierte die Eider, nördlich davon lebten die Friesen. Die alten Uthlande lagen abseits der großen geschichtlichen Ereignisse. Die politischen Wirren des Mittelalters berührten die Menschen dort nur selten direkt, wohl aber Fluten und der Kampf um die Erhaltung des Landes. Piraten plagten die Einwohner, Pest und Hunger dezimierten die Bevölkerung. Sturmfluten schwächten die Deiche, es fehlte an Menschen zur Instandhaltung. Die Sturmfluten des Mittelalters schwächten aber bereits vor 1362 langsam und stetig die alten Uthlande.

Die Legende sagt, dass der hochmittelalterliche Baumeister der vier ungefähr gleich alten Kirchen St. Magnus in Tating auf Eiderstedt, der alten Kirche St. Salvator auf Pellworm, St. Johannis in Nieblum auf Föhr und St. Severin in Keitum auf Sylt, die auf einer Linie liegen, zwischen seinen Baustellen noch zu Pferde reisen konnte.

Die unbedeichte Marsch bestand schon vor den riesigen Landverlusten eher aus vielen größeren und kleineren halligartigen Flächen mit Prielen und teilweise breiten Wasserläufen als aus geschlossenem Marschland. Im Lauf der Jahre und Jahrhunderte zerrissen Sturmfluten das Land. Immer breitere Wattflächen blieben nach der Flut zurück. Priele in alten eiszeitlichen Schmelzwassertälern wurden tiefer und tiefer und schließlich zu Wattströmen. Hochmittelalterliche Deichbaumaßnahmen ab 1100 konnten wenig verhindern, insbesondere die Durchdämmung stark strömender Priele war noch unmöglich.

Die Menschen wussten nichts von den sedimentgefüllten Schmelzwassertälern aus der letzten Eiszeit, die unter ihren Füßen lagen. Sie hatten auf Sand gebaut. Kleine Priele wurden im weichen Boden schnell größer und verbreiterten sich zu tiefen Prielströmen.

Der Meeresspiegel stieg, und die alten Uthlande gerieten immer mehr in den zerstörerischen Einflussbereich zweier Seegatten: Fallstief (Norderhever) und Heverstrom. Bis schließlich am Marcellustag, dem 16. Januar, im Jahr 1362, in der sogenannten ersten Großen Mandränke die Norderhever mit Macht ins Land einbrach und große Teile der alten Uthlande versanken.

Tipp: Bereits auf der Fahrt durch die Festlandsmarschen fährt man oft auf alten Deichen. Mittelalterliche oder frühneuzeitliche Deiche wurden, nachdem sie später durch neu gewonnen Köge als Schutz überflüssig geworden waren, gerne als Dämme für Wege und Straßen genutzt. Rechts und links der Straßen kann man oft noch die Struktur vergangener Landgewinnungen aus Grüppen und Beeten in der Wiese erkennen.

Das Taufbecken im Vorraum der Langenesser Kirche stammt aus dem 13. Jahrhundert und ist das alte Taufbecken der Gemeinde Nordmarsch vor der ersten Mandränke. Der alte Friedhof der Gemeinde Hooge lag

weit westlich der heutigen Hallig. Manchmal findet man im Watt noch Überreste.

DIE ERSTE GROSSE MANDRÄNKE

»In der Nacht auf den Marcellustag (16. Januar) um Mitternacht erhob sich ein so fürchterlicher Sturm, dass die festesten Gebäude sowie Kirchen und Türme einstürzten und die dicksten Bäume umgeweht wurden«, schreiben die Norder Jahrbücher über die erste Große Mandränke. Alleine auf Nordstrand gingen 25 Kirchen unter, im ganzen Bistum Schleswig waren es 51.

47 Kirchen und mit ihnen ganze Kirchspiele nördlich der Eider verschwanden. Auch die ersten Kirchen der Gemeinden Hooge, Nordmarsch, Oland und Gröde gingen in dieser Flut verloren, und es sollte lange dauern, bis Hooge und Langeness eine zweite bekamen. Das legendäre Rungholt versank in den Fluten. Rungholt war zwar kein reiches norddeutsches Atlantis, aber doch ein regional bedeutender Küstenort mit einem kleinen Hafen, von dem aus die Friesen Salz und Vieh handelten. Husum, bis dahin weit im Hinterland gelegen, erhielt einen direkten Zugang zum Meer.

Nach der Flut blieben viele kleine und größere Landreste übrig, die zum Teil bereits bei leicht erhöhtem Wasserstand überflutet wurden und den Bewohnern der umliegenden Inseln lediglich zur Heugewinnung dienten.

Die alten Uthlande waren in Stücke zerrissen, die Nordsee reichte an vielen Stellen bis an den Geestrand. Erst in den folgenden Jahrhunderten gewann man nach und nach Teile der Marschen zurück. Der Wiederaufbau der zerstörten Lande gestaltete sich mühsam, die Bevölkerung war verarmt und dezimiert durch die Flut. Die Überlebenden waren geschwächt, die Pest hielt reiche Beute.

Zwischen weiten Wattflächen blieben kleine Landreste, die oft noch bei jeder höheren Flut überspült wurden. Im Wellenlee von Inseln und Sänden lagerte sich Schlick ab, Schicht auf Schicht, bis über einen Meter oberhalb des Mittleren Tidehochwassers. Halligen entstanden. Das heutige Halligland erhebt sich zwei Meter über dem mittelalterlichen Siedlungsland mit den Spuren des mittelalterlichen Ackerbaus.

Tipp: Alte Siedlungsstrukturen mit Sodbrunnen, Sielzügen und anderen Resten sind mit Glück im Watt vor den Halligen noch zu entdecken. Das Wattenmeer ist allerdings ein hochdynamischer Raum. Was in einem Jahr gut zu finden ist, kann im nächsten Jahr schon wieder verschwunden sein. Mit Glück findet man hier und da ein paar Scherben. Schlägt man Scherben gegeneinander und es klingt hart, dann könnte es sich um gebrannte Keramik aus dem Mittelalter handeln. Die Fachleute sprechen da von hart gebrannter Grauware. Sie gehört ins 13. bis 14. Jahrhundert. Regelrechte Grabungen sind allerdings den Fachleuten des Landesamtes für Denkmalschutz und Archäologie vorbehalten und für Laien ohne Grabungserlaubnis untersagt.

DIE SAGE VON RUNGHOLT

Alle sieben Jahre, sagt man, erklingt die Glocke von Rungholt in der Johannisnacht. Hören, sagt man zur Sicherheit ebenfalls,

Die alte Stadt Rungholt lag im Gebiet der heutigen Hallig Südfall.

können das allerdings nur Sonntagskinder. Der Legende nach wurde Rungholt als Strafe für Reichtum und Gottlosigkeit zerstört. Eines Abends, berichtete Anton Heimreich 1666, hätten einige Bauern in einer Schenke zusammen getrunken. Betrunken und übermütig, ersannen sie einen Scherz: Das Schwein des Wirts machten sie betrunken und riefen dann den Pfarrer, einem Kranken die letzte Ölung zu geben. Als der Pfarrer kam und erkannte, dass der Kranke ein Schwein war, weigerte er sich entrüstet, einem Tier die Sakramente zu spenden. Die Bauern drohten ihm Prügel an, doch der Pfarrer entkam.

Zwei der Bauern verfolgten den Geistlichen jedoch und fingen ihn auf der Straße ab. Der Pfarrer erkannte sie nicht und berichtete noch voller Zorn, welche Beleidigung der Sakramente geschehen war.

Die Bauern baten um die Büchse mit den Hostien. Als der Pfarrer die Hostien vorzeigte, gossen die Bauern Bier in die Büchse, lachten und riefen: Wenn die Hostien der Leib Jesu sind, dann ist der jetzt unser Saufkumpan!

Der Pfarrer floh in die nächste Kirche und betete, dass der Frevel gerächt werde. In derselben Nacht hatte er einen Traum, in dem er gewarnt wurde, die Stadt sofort zu

verlassen, Gott werde Stadt und Menschen vernichten.
Der Pfarrer verließ sofort die Stadt, und war kaum fort, als die große Sturmflut kam. Nur er und zwei Mädchen, die an einem anderen Ort gewesen waren, überlebten die Flut als einzige Bewohner Rungholts.

Tipp: Rungholt mit den Teilsiedlungen Lütke Rungholt und Grote Rungholt war der Hauptort der Edomsharde, die in der Flut von 1362 versank. Siedlungsspuren wie Ackerfurchen, eventuell Sodbrunnen und Warftreste finden sich manchmal in der Nähe der heutigen Hallig Südfall. Es gibt geführte Wattwanderungen ins Rungholtgebiet von Fuhlehörn auf der Halbinsel Nordstrand.

KARTEN UND HALLIGEN

Die ersten schriftlich erwähnten Orte im Gebiet der heutigen Halligen finden sich 1231 im sogenannten Erdbuch des Dänenkönigs Waldemar II. Sejr. Von Hjortsand ist die Rede und von Aland, gemeint sind die ehemalige Hallig Jordsand, heute nur noch eine Sandbank, und Hallig Oland. Auch andere Gemeinden der Uthlande, von denen heute noch die Namen der Halligen künden, finden sich verzeichnet. Jedoch erwähnt das Erdbuch nur Ländereien, aus denen der König Einkünfte bezog, ein geographisches Interesse bestand noch nicht.
Die ersten geographisch einigermaßen korrekten Karten stammen aus dem Jahr 1597 von Johannes Petreus, 1638 von Peter Sax und 1652 von Johannes Mejer. Auf diesen Karten sind auch zum ersten Mal Halligen verzeichnet.

Tipp: Eine Karte von Johannes Mejer von 1652 zeigt den Zustand Nordfrieslands vor der verheerenden ersten Großen Mandränke. Manche Orte sind zwar hinzugedichtet, und auch die Küstenlinien sind mit Sicherheit ziemlich frei erfunden. Dennoch gibt die Karte eine ungefähre Vorstellung davon, welches Ausmaß die alten Uthlande besaßen.

Die alten Uthlande vor und nach den großen Mandränken. Links die Verhältnisse vor 1362, rechts nach 1634. Man erkennt die immensen Landverluste. Die große Insel Strand, entstanden nach der ersten großen Mandränke, ist nach der zweiten großen Mandränke nun ebenfalls fast zerstört.
Die Karten von Johannes Mejer aus dem 17. Jahrhundert geben nicht die genauen geographischen Verhältnisse wieder, die Ausmaße der Uthlande vor der ersten Großen Mandränke stimmen aber wohl.

Landtcarte Von dem
NORTFRIESLANDE
in dem Hertzogthumbe Sleswieg.
Anno 1651.

Landtcarte Von dem Alten
NORTFRIESLANDE.
Anno 1240.
Frisia Cimbrica Antiqua

03

REICHTUM UND ARMUT: DIE SEEFAHRERZEIT.

Seit Menschen auf den Halligen wohnen, fahren sie auch zur See. Das wenige Land reichte schon früh nicht aus, um ein auskömmliches Einkommen für alle zu erzielen. Die Hochzeit der Seefahrt war das 18. Jahrhundert, als fast alle Halligmänner dem Seemannnsberuf nachgingen. Wie vieles auf den Halligen, beginnt auch diese Zeit mit einer Sturmflut.

» *Sollte es nicht die Aufmerksamkeit unserer Regierung verdienen, wie den Hogern und den Bewohnern der übrigen westlichen Inseln, die unstreitig zu den besten Seeleuten gehören, die Fahrt auf einheimischen Schiffen annehmlich gemacht werden könne? Denn bei Fahrten auf englischen Schiffen gehen doch immer einige brauchbare Leute für den Stat auf immer verloren.« (E.C. Kruse: Beschreibung der Insel Hoge, 1794)*

DIE ZWEITE GROSSE MANDRÄNKE – DIE BURCHARDIFLUT VON 1634

Es hagelte, donnerte und blitzte an diesem Neumondtag im Oktober. Der Wind kam erst aus Südwest, drehte dann auf Nordwest, gegen 18 Uhr setzte die Flut ein, schon vor 21 Uhr ging das Wasser über die Deiche. Ein Augenzeuge berichtete:

» *Nach einer kleinen Stunde, um 10 Uhr abends, war alles vorbei; da hatte Nordstrand aufgehört zu sein; da waren mehr als 6.200 Menschen und 50.000 Stück Vieh dort ertrunken; da waren die Deiche der Insel an 44 Stellen durchbrochen; da lagen 30 Mühlen und mehr als 1.300 Häuser zertrümmert nieder; da war vernichtet die Heimath und das Glück von mehr als 8.000 Menschen.«*

Die große, reiche Insel Strand, Kornkammer Nordfrieslands, war fast völlig überflutet, große Teile wurden zu Wattboden. Von den Mittelstücken blieben nur das Wüste Moor, das spätere Nordstrandischmoor, und die Hamburger Hallig, der ehemalige Amsinck-Koog, alles andere versank. Einige der überfluteten Köge wurden später nach und nach unter erheblichen Mühen und Kosten wieder bedeicht, sie bilden die heutigen Inseln Nordstrand und Pellworm.

Auf der alten Insel Strand gab es über 6.000 Tote – zwei Drittel der Bevölkerung –, weit über 100 auf den Halligen. Anton Heimreich, in der zweiten Hälfte des 17.

Die erschreckliche Wasser-Fluth 1634.

Jahrhunderts Pastor auf Nordstrandischmoor, berichtete in seiner ›Chronik von Nordfriesland‹, dass allein Hooge 43 Tote zu beklagen hatte, Nordmarsch 48 und Langeness 24. Butwehl verlor vier Menschen, Südfall 46, Süderoog zehn, Oland vier und Gröde betrauerte einen Toten.
Nach der verheerenden Katastrophe von 1634 wurde das Landgeld, die Steuer, für die Halligleute zunächst herabgesetzt, bereits 1661 aber wieder auf 80 Prozent des ursprünglichen Betrages erhöht.

Tipp: ***Die Hamburger Hallig und die Hallig Nordstrandischmoor sind die beiden Halligen mit einem Geburtstag. Beide Halligen entstanden in der Burchardiflut 1634. Die untergegangene Kirche des Alt-Nordstrander Ortes Osterwohl lieferte das Baumaterial für die Kirche von Hallig Hooge: Backsteine, Gestühl, Taufe, Kanzel und Chorgitter fanden so neue Verwendung.***

DIE WALFANGZEIT AUF DEN HALLIGEN

Vom späten Mittelalter bis in die Neuzeit lebten die Seeleute von den Halligen recht auskömmlich vom Heringsfang. Ende des 16. Jahrhunderts blieben die großen Heringsschwärme aus. Durch die schwere Flut von 1634 erlitten auch die Halligen große Verluste an Weideflächen, mehr Halligmänner als zuvor benötigten jetzt andere Verdienstmöglichkeiten.
Basken betrieben seit Jahrhunderten Walfang im östlichen Atlantik und entdeckten wohl auch die Walfanggründe vor Spitzbergen. Niederländische und englische Reeder bedienten sich im 16. und 17. Jahrhundert gerne der erfahrenen baskischen Mannschaften für die Grönlandfahrt, für die Jagd nach dem Wal vor Spitzbergen, das man damals noch für die Ostküste Grönlands hielt. Ende des 16. Jahrhunderts verbot der spanische König seinen baskischen Untertanen, auf protestantischen Schiffen anzuheuern. 1632 erließ auch der französische König ein solches Verbot. Die entstehenden Lücken füllten vor allem niederländische Reeder mit Friesen von Inseln und Halligen. Sie galten als gute, erfahrene Seeleute, belastbar und anspruchslos, mit guten Kenntnissen in Navigationslehre und Mathematik. Angemustert werden konnte ab dem 14. Lebensjahr.
Junge Halligmänner wollten es jetzt ihren Vätern und Brüdern nachtun und zur See gehen.

» *Nach dem harten Winter im Frühjahr hatte ich solches Verlangen und Trieb zur See, obschon meine liebe Mutter mich noch gerne ein Jahr länger wollte zu Hause behalten, durch Furcht, weil sie ihren lieben Ehemann und ältesten Sohn zugleich im Wasser verloren hatte. Und mich doch nicht konnte davon abhalten.« (Paul Frercksen, 15 Jahre alt, 1740, aus: Jens Lorenzen: Die Seefahrtsepoche der Halligen, 1983)*

Der Walfang diente zunächst der Gewinnung von Waltran, der zur Beleuchtung verwendet wurde. Später, ab Mitte des 19. Jahrhunderts, ging es auch um Barten (irrtümlich Fischbein genannt), Knochen und das wertvolle Ambra (Spermaceti) der Pottwale. Der Rest der Tiere wurde versenkt.

Zunächst fuhren Friesen nur in niederländischen Diensten, dann auch auf Hamburger und Glückstädter Schiffen, und später rüsteten zu Wohlstand gekommene Kapitäne auch eigene Schiffe aus. Sie unterhielten sogar eine eigene Trankocherei auf Spitzbergen, die Harlinger Kocherei nahe der niederländischen Niederlassung Schmeerenburg.
1645 endete das Monopol der niederländischen Nordischen Kompanie, der Walfang war nun frei. So fuhren jetzt jeden Sommer Hunderte von Booten mit Tausenden von Seeleuten ins Eis.

» *Die höchste Zahl Grönlandfahrer war im J. 1683; sie betrug 242 Schiffe; die größte Menge der zerlegten Fische im Jahre 1701; nämlich 2.073 ¾. Diese lieferten 67.317 Fässer Spek.« (C.F. Posselt: Über den grönländischen Walfischfang in ›Schleswig-Holsteinische Provinzialberichte‹, Altona und Kiel 1796, aus: Jens Lorenzen: Die Seefahrtsepoche der Halligen, 1983)*

Andere Nationen entdeckten die Grönlandfahrt und verdrängten die Niederländer. Im Jahre 1785 fuhren nur noch 68 niederländische Walfänger aus. Durch die intensive Bejagung wurden die Wale bereits zu dieser Zeit seltener, der Fang wurde immer riskanter, man rückte immer näher an die Eiskante heran. Und man fuhr jetzt auch wirklich bis nach Grönland. Ende des 18. Jahrhunderts war der Grönlandwal bereits nahezu ausgerottet.
Zur Blütezeit des Walfangs wurde auf allen Halligen am 21. 02. am Vorabend des Petrifestes das Biikenfeuer zum Abschied für

Grönlandfahrt: Der Wal wird harpuniert.

die Grönlandfahrer entzündet. Wenn der Wind gut stand, fuhren die Halligmänner mit Schmackschiffen nach Amsterdam, dem Heimathafen der niederländischen Walfangflotte.
Die Walfänger liefen in der Regel Anfang April aus, Robbenfänger sechs Wochen früher. Die Schiffe blieben im Fanggebiet bis Ende August, danach wurden Sturm und Nebel zu gefährlich.
Walfangschiffe waren im Schnitt 60 Meter lang und maßen 300 Bruttoregistertonnen. Kommandeure und Offiziere fuhren als Partfahrer, das heißt, sie erhielten keine Heuer, sondern Anteil am Gewinn. Matrosen erhielten ein Handgeld beim Anmustern, Heuer und zusätzlich ein erfolgsabhängiges Fischgeld beim Abmustern.
Die Walfangboote, mit denen der Wal gejagt und harpuniert wurde, waren Schaluppen für sechs Mann: vier Ruderer, ein Bootssteuerer, ein Harpunierer. Die Harpune tötete den Wal in der Regel nicht, schwächte ihn aber bei der Flucht, getötet wurde dann mit Lanzen. Mit den Schaluppen wurde der tote Wal zum Mutterschiff geschleppt. Dort wurde der Kadaver längs-

oben: Geschnitzte Tür zur Kanzel der Hooger Kirche von 1743. unten: Geschnitzte Holztür, 1743, Hooge. Dahinter verbirgt sich ein kleiner Wandschrank.

seits genommen und man begann sofort mit dem Speckschneiden, dem Flensen, mit speziellen, sehr langen Flensmessern.
Der Walfang brachte Wohlstand auf die Halligen. Die Trachten der Frauen wurden prächtiger, die Häuser besser ausgestattet. Noch heute kann man auf den Halligen Zeugnisse davon sehen. Auch für ihre Kirchen stifteten die Walfänger, dankbar über glückliche Heimkehr. Die Einrichtungen in den Häusern der Wohlhabenden wurden wertvoller, Uhren, Delfter Kacheln, fein gearbeitete gusseiserne Bileggeröfen, Spiegel, feine Möbel und Schmuck fanden Einzug in das Halligha us. Tee, Tabak, Kaffee, Zucker und Kartoffeln wurden auf den Halligen bekannt.
1758 stellte allein Hooge 90 Seefahrer, davon 48 Kapitäne und Steuerleute. 1794 waren es 18 Schiffer, 8 Steuerleute, 70 Matrosen, Bootsleute oder Jungen.
1735 wurden die Halligfriesen zu ewigen Zeiten vom Soldatendienst befreit, hatten aber eine Flotte zu stellen.
Um 1770 fuhren fast alle Halligmänner zur See. Frauen, Kinder und Alte blieben auf den Halligen sommers allein, während die Männer vor Spitzbergen den Wal jagten; bei der Mahd oder der Halligsicherung halfen dänische Tagelöhner aus Jütland oder Lohnknechte vom Festland. Der Erfolg der nur unregelmäßig betrieben Maßnahmen für die Erhaltung des Halliglandes war jedoch gering, der Landverlust ging nahezu ungebremst weiter. Man kann vermuten, dass die Weihnachtsflut 1717 und die große Halligflut 1825 auch deswegen so verheerend für die Halligen ausfielen, weil zu ihrem Erhalt zu wenig getan worden war.

Tipp: Die Tür zur Kanzel der Hooger Kirche schnitzte und stiftete 1743 ein Hooger Walfänger, sie zeigt bezeichnenderweise einen Wal. Auch in den anderen Halligkirchen und Kapitänshäusern kann man Zeugnisse der Dankbarkeit und des Stolzes heimgekehrter Seefahrer bewundern.

TOTENREISEN

Die Seefahrt und besonders der Walfang waren seinerzeit ein gefährliches Gewerbe. Halligfrauen wurden oft früh zur Witwe, weil die Männer auf See geblieben waren.

1777 kamen so viele Seeleute im Eis um, dass man von einer Totenreise sprach: Nahe der kleinen Insel Jan Mayen, im Nordatlantik zwischen Norwegen und Grönland gelegen, wurde eine ganze Flotte von 27 Schiffen mit über 300 Mann Besatzung vom Eis eingeschlossen. Nach und nach gingen die Vorräte aus. Die ausgehungerten Schiffbrüchigen versuchten schließlich, zu Fuß übers Eis nach Ostgrönland zu gelangen. Doch nur eine kleine Gruppe von Seeleuten erreichte das Land und stieß auf eine Gruppe Eskimos, die ihnen halfen, eine der dänischen Kolonien zu finden. Von dort kehrten sie glücklich heim. Alle anderen kamen um.

Hatte der Seemann die Walfangsaison glücklich überstanden, ging es von Amsterdam mit kleinen Küstenseglern Richtung Heimat. Selbst diese Reise war nicht ohne Gefahren.

1744 endete die Heimreise von den Niederlanden tragisch. Die Walfangschiffe liefen nach guter Saison mit wertvoller Ladung nach Amsterdam ein. Über 100 friesische Walfänger schifften sich für die Heimfahrt auf der Schmack des Föhrer Schiffers Pay Melfs ein. Westlich von Amrum, unweit des Kniepsands, überraschte sie ein schwerer Sturm aus Nordwest. Keiner überlebte. Elf Mann von Langeness, sieben von Nordmarsch, einige mehr von den anderen Halligen waren ertrunken, die Leichen trieben fast an die heimatlichen Ufer.

Der Sage nach sollen sie »gleich angefangen haben, zu bluten, als wollten sie nach dem Tode klagen, wie es ihnen ergangen, und um ein Begräbnis bitten«. (Hansen: Chronik der Uthlande, 1857)

Aus der Seefahrerzeit stammt die Legende vom Gonger: Wenn ein Seemann auf dem Meer starb, kehrte er als Gonger heim, um

Die Spanten eines im 18. Jahrhundert gesunkenen Küstenseglers ragen vor Langeness aus dem Watt. Das Schiff liegt schräg auf der Seite im Schlick. Die andere Rumpfseite ist versunken und nicht zu sehen.

Die Weihnachtsflut 1717.

die Nachricht seines Todes zu überbringen. Dazu stieg er nachts in der Kleidung, die er zum Todeszeitpunkt getragen hatte, aus dem Meer, und besuchte das Haus seiner Nachkommen. Hier hinterließ er eine Spur aus Salzwasser. Jetzt wusste die Familie, dass der Vater, Bruder oder Sohn auf See geblieben war.
Im Jahr 1790 waren auf der Hallig Nordmarsch zwei Drittel der Frauen Witwen, auf den anderen Halligen sah es ähnlich aus.

DIE WEIHNACHTSFLUT 1717

Kaum jemand hatte es kommen sehen, weil es die Tage vorher so ruhig gewesen war. Doch in der Nacht vom 24. Dezember auf den 25. Dezember 1717 setzte an der Nordseeküste plötzlich ein Nordweststurm ein, fünf Stunden vor Hochwasser. Das Wasser stieg immer weiter, Deiche brachen, und das Wasser ergoss sich in die tief liegenden Küstengebiete, überall kam es zu verheerenden Überschwemmungen. Von insgesamt 120 Häusern auf Hallig Hooge wurden zwölf völlig zerstört, 60 unbewohnbar. Auch die anderen Halligen erlitten schwere Schäden.

» *Pastor Heimreich von Hallig Nordstrandischmoor schreibt, von 20 Hallighäusern seien nur zwei stehen geblieben. Die anderen seien »sehr übel verwüstet, ganz durchlöchert und auf Stendern öde stehen geblieben.« Der Pastor erlebte vom Dachboden des Pastorats, wie die Wellen die Wände einschlugen und das Vieh, zwei Kühe, 13 Schafe »nicht ohne großes Gebrüll und Blöken vor unsern Augen ersoffen, Bett und Betgewand, Kleider, Leinenzeug, Kisten und Laden, Tische und Schränke nebst anderem Haus-*

gerät und meiner Bibliothek aus 3 bis 400 Büchern bestehend, wegschwemmten, auch an Gold und Silber bei 200 Thalern Wert verlor, das Kupfer, Messing- und Zinngerät mit großem Geräusch niederfiel, und das Haus sich dabei sehr bewegte, dass wir daher den Tod vor Augen sahen ...« (Walter Anton Heimreich: Nordfresische Chronik, 1819)

Auch nachdem das Wasser gesunken war, litten die Halligleute große Not. Die Häuser waren zerstört, die Fethinge versalzen, es war bitterkalt.

HANDEL MIT FERNEN LÄNDERN

Bereits in der frühen Neuzeit fuhren Halligmänner auch zur See, um regionalen Handel zu treiben. Hallig Oland besaß im 16. Jahrhundert sogar noch ein volles Seegericht nach altem Visbyer Seerecht, erst im 17. Jahrhundert ging das Seegericht nach Husum.

1661 erhielten die »Nordstrander Halligen« mit 12 Schiffen vom englischen König Charles II. die »Freiheit, mit nordischen Waaren auf England zu fahren«. 1668 gab es Zollerleichterung für Fahrten nach Norwegen durch den dänischen König Frederik III. von Dänemark und Norwegen.

Als der Walfang im Laufe des 18. Jahrhunderts weniger ergiebig wurde, musterten Halligseeleute in der Handelsschiffahrt an, vornehmlich wieder unter niederländischem Kommando, aber auch unter eige-

oben: Ein Kapitän und seine Frau geben sich die Ehre. Mitte: Auf solchen Schiffe befuhren auch die Halligleute die Meere bis nach Ostindien. unten: Kapitäne ließen wie hier Kapitän Tade Hans Bandix im Königspesel, Hooge, ihre Schiffe voller Stolz verewigen.

nen Kapitänen. Auf niederländischen Handelsschiffen fuhren Halligleute bis nach Ostindien und Japan.

Die Männer von den Halligen kamen in der Handelsschiffahrt viel in der Welt herum, waren aber anders als zur Walfangzeit, oft weitaus länger fort als nur einen Sommer.

Es drohten Gefahren, wie sie allen Seefahrern zu dieser Zeit widerfahren konnten. Stürme, Fieber und Piraten bedrohten die Schiffe und Besatzungen. Algerische Piraten von der Barbareskenküste brachten die Schiffe teilweise bereits in der offenen Nordsee auf, erpressten Lösegeld oder verkauften die christlichen Seeleute in die Sklaverei.

» *Sie waren aber nach allen vier Winden zerstreut, kehrten, je weiter ihre Reisen wurden, immer seltener heim und manche derselben erst nach 10–20jähriger Abwesenheit, ließen jedoch ihre Frauen ab und zu nach Hamburg, Kopenhagen oder Amsterdam zu sich kommen und überließen denselben mehr als je das häusliche Regiment, die Kinderzucht und Viehzucht sammt dem Ackerbau daheim. Manche der Seefahrer kehrten aber nie wieder zurück, verloren in Stürmen oder Krankheit (viele durch das Gelbe Fieber in Westindien) das Leben, oft ohne je dass eine Todesnachricht von ihnen anlangte. Dadurch entstanden nun im allgemeinen seltsame Verhältnisse, und im einzelnen oft trübselige Missverhältnisse, wie leicht zu ermessen. Manche Insulanerin wurde nie verheiratet; manche lebten einige Wochen im Ehestand und darauf Jahre, ja ihr ganzes Leben im Witwenstande; manche erzog ihre Söhne unter wilder Sorge und Mühe, sandte sie unter den besten Hoffnungen und Segenswünschen auf die See und – sah sie nie wieder. Die glücklicheren Capitänsfrauen wurden hauptsächlich durch die Reisen zu ihren Männern nach fernen und nahen Seestädten und Ländern gleich diesen für Neuerungen und Cultur, für fremde Sitten und Genüsse zugänglicher.« (C.P. Hansen: Chronik der friesischen Uthande, 1857)*

Es hielt weiter Wohlstand Einzug auf den Halligen, aber die Kluft zwischen arm und reich nahm zu. Bedürftige Familien, die niemanden auf See hatten oder deren Ernährer auf See geblieben war, bekamen von wohlhabenden Halligleuten, in der Regel Kapitänen, Legate eingerichtet.

Die Einrichtungen in den Häusern der Wohlhabenden wurden wertvoller, es gab kostbare Messingstülpen auf den Bilegger-Öfen zum Warmhalten von Speisen, nicht selten fanden sich chinesisches Porzellan, Elfenbeinschnitzereien und andere Zeugnisse von den Fahrten in ferne Länder. Der Pesel, die gute Stube, im Gegensatz zur Döns, der Alltagsstube, wurde oft prächtig mit Fliesen aus dem niederländischen Delft ausgestattet. Die Kapitäne ließen voller Stolz auch ihre Schiffe auf Fliesenmalereien verewigen.

Anfang des 19. Jahrhunderts nahm die Zahl der Seeleute auf den Halligen stetig ab, weil die Heuern und Erträge sanken, die Gefahren aber gleich blieben. Mehr und mehr Halligmänner blieben nun auf ihrer Heimathallig und wurden Bauern.

Ab der Mitte des 19. Jahrhunderts wurde die Seefahrt auf den Halligen wieder wichtiger, jetzt nicht mehr für niederländische

Reeder, sondern für solche in Hamburg oder im damals dänischen Altona. Kapitän Boye Richard Petersen von Hallig Gröde wurde Ende des 19. Jahrhunderts Kapitän der PREUSSEN, des größten Vollschiffs der Welt.

Tipp: ***Prächtig ausgestattete Pesel von Kapitänen kann man unter anderem auf Hallig Hooge im Königspesel und auf Hallig Langeness im Kapitän-Tadsen-Museum und in der Friesenstube besichtigen. Und auch in manchem privaten Hallighaus wird noch etwas von der Pracht vergangener Zeiten aufbewahrt.***

KAPITÄNSGESCHICHTEN

Die Seefahrer zur damaligen Zeit waren immer von Piraten bedroht, und das nicht nur in der Karibik. Bis in die Nordsee drangen die muslimischen Piraten der Barbareskenküste vor. Das Schiff des Oländers Ipke Paulsen wurde im späten 17. Jahrhundert von solchen Piraten aufgebracht. Seine Geschichte überliefert ein zeitgenössischer Bericht:

» *Der Schiffer Ipke Paulsen von Oland fuhr im März des Jahres 1687 auf seinem eigenen Schiff, das außer ihm durch sechs Halligleute bemannet war, von der Heimath nach Drontheim ab, woselbst er am 4. Mai glücklich anlangte. Er löschte seine Schiffsladung daselbst und nahm Stockfische und Diehlen wieder ein, um selbige nach London zu bringen. Am 1. Juni ging er wieder in See, segelte unter günstigem Winde bis in die Nähe Englands, traf hier auf der Doggerbank aber, am 20. Juni, einen sogenannten türkischen*

Das Epitaph des Schiffers Ipke Paulsen und seiner Familie, um 1700, Oland. Zum Zeitpunkt als das Bild entstand, waren bereits einige der Dargestellten verstorben. Das symbolisiert ein kleines Kreuz über der Person.

Seeräuber, d.h. ein afrikanisches, mit 32 Kanonen und 400 Mann besetztes, aber von zwei deutschen und einem schwedischen Offizier geführtes, unter türkischer Flagge, segelndes Schiff. Es war natürlich, dass das schwache friesische Fahrzeug diesem gewaltigen Schiffe weder entweichen noch widerstehen konnte; es wurde daher leicht überwunden und dessen Mannschaft gefangengenommen. Durch heftige Stürme wurde das Seeräuberschiff, nachdem es noch eine holländische Fregatte von zwölf Kanonen und freilich früher schon mehrere holländische und kleine britische Fahrzeuge gekapert hatte, einmal bis nahe an die Küste Norwegens und ein andermal bis dicht an die Küste Irlands verschlagen. Jedoch es änderte sich jedes Mal zur rechten Zeit der Wind und das

Erinnerungstafel an Kapitän Haye Laurenzen, Hooge, und seine Frau.

Wetter, und obgleich das Schiff unterdessen bedeutend leck geworden und Hungersnoth unter den vielen Gefangenen so wie unter der Besatzung des Schiffes entstanden war, so rückte das Schiff doch allmälig weiter südwärts nach Afrika zurück und kam am 24. Juli 1687 glücklich vor Gibraltar an. Jetzt wurde beabsichtigt, die vielen Gefangenen an der marokkanischen Küste auszuschiffen und sie zu Lande nach Algier zu führen, um sie dort als Sklaven zu verkaufen. Es war jedoch von der Vorsehung anders beschlossen. Nach einer nebeligen Nacht fanden die Türken am Morgen des 26. Juli ihr Schiff an der Seite eines großen 60 Kanonen führenden französischen Kriegsschiffes liegend und mussten sich demselben nach einigem Schießen ergeben. Nachdem das französische Kriegsschiff noch ein türkisches Seeräuberschiff von acht Kanonen erbeutet hatte, segelte das Kriegsschiff mit seinen Prisen nach Toulon, woselbst alle am 14. September anlangten. Hier erhielten die gefangenen Christen, 140 an der Zahl, ihre Freiheit und einiges Reisegeld. Die sieben Nordfriesen reisten über Toulouse nach Bordeaux. Hier blieb der Capitain Ipke Paulsen krank zurück und ein Matrose zu seiner Pflege. Die übrigen reiseten von da zu Schiffe nach ihrer Heimath, woselbst sie um die Mitte des Decembers endlich wieder landeten. Ipke Paulsen und sein Matrose kehrten im folgenden Jahr ebenfalls wieder heim, und der erstere erhielt in der Folge ein größeres Schiff, mit welchem er mehrere glückliche Reisen nach Frankreich machte.« (C.P. Hansen, »Chronik der friesischen Uthlande«, 1857)

Der Hooger Kapitän Laurenzen hatte später sogar einen gewissen Einfluss auf den Lauf der Weltgeschichte.

1794 lag die russische Bark »Der junge Thomas« unter dem Kommando des Hooger Kapitäns Haye Laurenzen frachtbeladen im Hafen von Le Havre. Es erschien plötzlich ein kleiner, untersetzter Mann, offensichtlich in Verkleidung und begleitet von Dienern, und bat, an Bord genommen zu werden. Haye Laurenzen kam dieser Bitte nach, der Flüchtling kam an Bord und gab sich zu erkennen als Louis Duc de Provence. Laurenzen räumte die Kapitänskajüte als Wohnung für den hohen Gast und fuhr seinen Schützling acht Wochen durch Nord- und Ostsee, um ihn nach dem Tod Robespierres wieder nach Le Havre zu bringen. Der Duc de Provence überließ Laurenzen aus Dankbarkeit seine goldene Uhr und eine silberne Teekanne nebst Tassen. Später, im Jahr 1818, der Duc de Provence war nun König von Frankreich und nannte sich Louis XVIII., erhielt Laurenzen den Lilienorden und ein Ehrengeschenk von 1.000 Franc. Service und Orden wurden über Generationen innerhalb der Familie weitergegeben.

Halligmann Boye Richard Petersen war Ende des 19. Jahrhunderts Kapitän der PREUSSEN der Hamburger Reederei Laeisz. Die PREUSSEN war das einzige Fünfmastvollschiff der Welt und der schnellste der Flying-P-Liner der Reederei Laeisz. Seeleute hielten sie für den schnellsten Segler ihrer Zeit. Die PREUSSEN war in der Salpeterfahrt nach Chile eingesetzt. Die nie eingestellte Rekordreise nach Iquique in 57 Tagen 1903 – höchste Etmale 392 Seemeilen voll beladen und 426 Seemeilen ohne Ladung – und zwei komplette Rundreisen nach Chile im Jahr machten das Schiff zur Legende.

Petersen, geboren 1869 auf der Tamenswarf, Hallig Langeness, aufgewachsen auf der Knudswarft, Hallig Gröde, übernahm das Schiff mit 33 Jahren als Kapitän. Er unternahm zehn Reisen mit der PREUSSEN und umrundete dabei 21 Mal Kap Horn.

Die PREUSSEN kollidierte am 6. November 1910 im Ärmelkanal mit dem britischen Dampfer Brighton, der regelwidrig vor ihrem Bug kreuzte. Beim Versuch, sie in den Hafen von Dover einzuschleppen, rissen die Trossen wegen eines aufkommenden Sturms. Bei dem vergeblichen Versuch der Besatzung, sie selbstständig

Die PREUSSEN, das einzige Fünfmast-Vollschiff der Welt 1908.

frei zu segeln, strandete die PREUSSEN auf den Klippen. Es gelang nie mehr, das Schiff frei zu schleppen. Das Wrack wurde mit der Zeit von der See zerschlagen.

Tipp: ***An der Nordwand der Oländer Kirche befindet sich das Epitaph für den Schiffer Ipke Paulsen, der uns auch den Bericht über seine Entführung durch die Barbaresken-Piraten hinterließ. Das Epitaph zeigt die fünfzehnköpfige Familie des Stifters, sie knien alle vor dem gekreuzigten Christus.***

Geht man einmal um die Hooger Halligkirche herum, kann man an der Wand eine Tafel zum Gedenken an Haye Laurenzen und den Duc de Provence finden.

Im Gertsen-Haus auf Ketelswarft, Hallig Langeness, gibt es eine Ausstellung über Kapitän Petersen und die PREUSSEN.

04

LANDVERLUST UND HALLIGSCHUTZ

Die Halligen verloren Land seit ihrer Entstehung. Ganze Halligen verschwanden, Warften gingen verloren. Auch das Leben der Halligleute war oft karg und gefährlich. Sturmfluten prägten die Geschichte der Halligen. Ein ganz besonderer Lebensraum sind die Halligen bis heute.

oben: Früher war Abbruchkante wie hier auf Hallig Gröde um 1895 ungeschützt. unten: Schweinehallig im Bereich des Gotteskooges. Im Gotteskooggebiet waren bis in die 30er Jahre des letzten Jahrhunderts vor allem im Winter im nördlichen Teil die Wege unpassierbar und Teile des Gebietes wurden zu einer Landschaft aus Halligen.

VERSCHWUNDENE HALLIGEN

Vor Jahrhunderten, als in der frühen Neuzeit die Halligen entstanden, gab es über einhundert Halligen. Heute sind noch zehn geblieben. Manche ehemals eigenständige Hallig wuchs mit anderen Halligen zusammen, Nordmarsch, Butwehl und Langeness zum Beispiel. Manche Hallig wurde im Laufe der Jahrhunderte landfest gemacht, das heißt, in einen Koog einbezogen. Manchmal weist noch ein »Hallig« im Namen darauf hin, so zum Beispiel beim Pohnshalligkoog auf der Halbinsel Nordstrand. Manche ehemalige Hallig ist noch an den Warften und der halligartigen Siedlungsstruktur zu erkennen. Beispiele ehemaliger Halligen sind unter anderen Ockholm, Fahretoft, Dagebüll und – sehr gut erkennbar – Waygaard. Jedoch gab es Siedlungen auf Warften auch seit jeher im Marschland, ohne dass es sich – streng genommen – um eine Hallig gehandelt hätte. Und manche Halligen verschwanden im Laufe der Zeit im Meer, so neben vielen anderen die Hallig Galmsbüll, die 1825 in der großen Halligflut versank. Damals war sie bereits unbewohnt.

Heute befindet sich an der Stelle der ehemaligen Hallig ein 1939 eingedeichter Koog, der Galmsbüllkoog. Auch die Benshallig und die Hayenshallig wurden vom Meer verschlungen. Die Hayenshallig nordöstlich von Hooge war bereits im 18. Jahrhundert verlassen. Um sie rankt sich eine der vielen Sagen der Halligwelt.

Tipp: ***Achten Sie einmal auf der Fahrt durch die Festlandsmarschen einmal auf Orts- oder Straßenschilder mit »-hallig«, zum Beispiel Hasenhallig, Pohnshallig-koog, Große Hallig. Auf dem Weg zum Hafen Schlüttsiel kommt man durch den Ort Ockholm. Direkt an der Hauptstraße liegt die Kirche auf ihrer Warft. Und wenn man sich etwas Zeit nimmt, entdeckt man noch mehr Warften. Dagebüll-Kirche, Waygaard und Fahretoft lohnen einen kurzen Abstecher. In Fahretoft findet man auch das Geburtshaus von Hans Momsen, dem berühmten nordfriesischen Navigator und Mathematiker des 18. Jahrhunderts.***

oben: Ein Haus auf einer Warft in Fahretoft. Von 1362 bis weit ins 17. Jahrhundert war Fahretoft eine Hallig. unten: Finkhaushallig ist heute ein Vorort von Husum. Der Koog entstand erst 1935. Vorher befand sich dort unbefestigtes Vorland.

DIE LEGENDE DER HAYENS-HALLIG

An einem Ufer der Hayenshallig wohnte der Legende nach einst einsam eine Jungfrau in ihrem Haus. Vater und Mutter waren tot. Der Bruder befuhr die See. Als der Bruder Abschied nahm, versprach sie ihm, jede Nacht ein Licht in ihr Fenster zu setzen. Dies Licht, das weithin über die See schimmerte, sollte ihm sagen, dass seine Schwester noch lebte und auf ihn wartete. Also stellte sie jeden Abend ein Licht in ihr Fenster und wartete sehnsüchtig auf den Bruder. Der Bruder wurde Steuermann und Kapitän, das Leben auf der kleinen Hallig blieb immer gleich. Die Schwester stellte allabendlich ihr Licht ins Fenster. So ging es Jahr um Jahr. Die Jungfrau ward zur Greisin. Eines Abends blieb das Licht aus. Da riefen die Nachbarn: Jetzt ist der Bruder heimgekehrt! Doch als ein Schiffer von Hooge, der nach der alten Frau sehen wollte, das Haus betrat, da fand er sie tot in ihrem Lehnstuhl am Fenster sitzen.

Einige Zeit später fuhr ein Segelschiff ins Halligmeer, an Bord der reich gewordene Bruder. Nun wollte er seinen Lebensabend

oben: Grabstein der letzten Bewohner der Hayenshallig. Die Hayenshallig wurde bereits im späten 17. Jahrhundert verlassen. unten: Hallig im Sturm.

auf der Heimathallig verbringen. Doch der Segler fand die Hallig nicht. Er kreuzte hin und her, da stieß das Schiff plötzlich gegen einen Stein. Der Bruder leuchtete hinab ins Halligmeer und erkannte den Stein, auf dem er oft als Junge gesessen und auf das Meer hinausgeschaut hatte. Damals lag der Stein an der Kante der Hallig. Jetzt war rings um ihn nur rauschende See, und er begriff, dass die Schwester tot und die Hallig verschwunden waren. Da verlor er den Verstand, sprang über Bord und blieb auf dem Stein sitzen, bis die Flut ihn verschlang.

Tipp: Die Grabsteine der letzten wirklichen Bewohner der Hayenshallig stammen aus dem 17. Jahrhundert und befinden sich an der nordöstlichen Außenwand der Hooger Kirche.

DIE HALLIGFLUT 1825

Am Abend des 3. Februar wehte es nicht so stark, als dass man mit dem Eintreten einer hohen Flut rechnen musste. Doch dann kam das Wasser – so schnell, dass die Hooger Konrad Petersen, Ipke Johannsen und Bandick Boysen vom Ufer nicht zur heimatlichen Lorenzwarft zurückkehren konnten, sondern zur näher gelegenen Ockelützwarft flüchteten. Das Wasser stieg so schnell bis in die Häuser, dass man zum Teil die Kinder halb bekleidet auf den Boden schaffen musste. Auf der Volkertswarft ertrank eine alte Frau, weil ihr Sohn, der eine Kuh ins höher gelegene Nachbarhaus gebracht hatte, nicht mehr zu ihr zurück kam. Auf Mitteltritt flüchtete eine Frau mit zwei kleinen Kindern durch das Fenster ins höher gelegene Nachbarhaus. Auf der Pohnswarft ertranken die Bewohner in ihren Betten.

oben: Alkoven im Königspesel. Hier übernachtete 1825 der dänische König Frederik VI, der sich nach der Flut ein Bild von der Lage machen wollte. unten: An der Stelle der verschwundenen Gruß- und Klein-Süderwarft vor Hooge kann man manchmal noch Keramikreste im Schlick finden.

Der damalige Hooger Pastor Anton Wilhelm Conrad Schmidt notierte seine Eindrücke dieser Flut:

» *In der Nacht zwischen dem 3ten und 4ten Febr. War eine Fluth, wie bei Menschengedenken nicht existiert hat. 3 Warften – Klein- und Großsüderwarft und Fedder-Bandixwarft – sind gänzlich mit ihren Wohnungen und Bewohnern untergegangen. Außerdem sind die 5 westlichen Warften größtenteils zertrümmert, und 7 Wohnungen außerdem gänzlich von Grund aus zernichtet. Von 85 Wohnungen sind 6 oder 7 ganz schadenfrey geblieben, und 20 sind höchstens bewohnbar. 25 Menschen haben hier in Einer Schreckensnacht das Leben eingebüßt, davon sind 5 im Bette ertrunken, die übrigen 20 mit ihren Wohnungen vergangen. Die Gemeine ist nun zerrüttet. Viele, die wohlhabendsten,*

entfliehen und manche gehen, so bald sie können. Die Folgen dieser Fluth sind traurig. Die Halligen gehen, wenn das so fortgeht, was Gott verhüte, ganz ein. Viele haben alles verloren, sind zerrüttet. Hunger und Durst hätten manchen schrecklich gequält, wenn nicht Nachbargemeinden sich der Halligen angenommen und Proviant zur weisen Verteilung unter die Bedürftigen gesandt hätten. Viel Vieh, groß und klein, ist ertrunken und in den Häusern erschlagen. Die Vorsehung hat sich hier auf einmal schrecklich gezeigt zur Demüthigung und Erhebung. Sie sey uns gnädig und sende uns keine solche Fluth wieder.« (Hooger Schulprotokolle 1825, nach Günter Schirrmacher, Hallig Hooge 1990)

Am Tag vor der Sturmflut wurde die Frau des Pastors von ihrem dritten Kind entbunden, das Kind war kaum einen Tag alt, als sich der Pastor und seine Frau mit dem Neugeborenen schon vor der Flut auf den Heuboden retten mussten. Der Hausrat des Pastors trieb davon, die Westwand der Kirche wurde eingerissen, Särge wurden aus ihren Gräbern gespült. Sie wurden später auf Pellworm angetrieben und bei der alten Kirche beigesetzt.

Sämtliche Einwohner der Hooger Groß- und Klein-Süderwarft, der Fedder-Bandixwarft und ein großer Teil der Bewohner von Pohnswarft waren ertrunken. Es bot sich ein Bild der Verwüstung. Mauern waren fast überall eingestürzt, totes Vieh lag herum.

Im Jahre 1807 war Hallig Südfall noch über 200 Hektar groß. Die große Halligflut 1825 zerschlug alle Häuser, zerstörte die drei Warften und tötete sämtliche Einwohner, immerhin zwölf Familien. Die Fläche der Hallig wurde um die Hälfte kleiner. Doch selbst nach dieser verheerenden Katastrophe wurde die kleine Hallig wieder besiedelt. Auf Norderoog, das zu Hooge gehörte, konnte sich die Familie auf den Boden retten, das Haus wurde aber vollkommen zerstört. Norderoog wurde nicht wieder besiedelt. Die westlichen Warften auf Hooge wurden zum großen Teil zertrümmert. Die Pohnswarft wurde so zerstört, dass kein neues Haus mehr gebaut wurde. Sie ist bis heute unbewohnt. Die Westerwarft blieb bis weit ins 20. Jahrhundert unbewohnt. Die Groß- und Klein-Süderwarft, die Fedder-Bandixwarft waren unwiederbringlich zerstört, heute kann man mit Glück ihre Reste weit vor der Halligkante finden.

» Auf diesen Halligen [Gröde, Apelland und Habel, F.T.] zusammen sind 17 Wohnungen vor der Sturmfluth vom 3/4. d.M. gewesen, jetzt stehen nur noch 2 derselben; beide Häuser sind indessen ebenfalls beschädigt, jedoch aber bewohnbar; alle übrigen

Pohnswarft auf Hallig Hooge ist seit der Flut von 1825 verlassen. Der Fething dient noch als Viehtränke.

sind nur noch Gerippe zu nennen. Die davon stehen gebliebenen Fächer drohen den Einsturz und sind nicht zu bewohnen. 14 Personen wohnen auf Habel kümmerlich in einer Stube. [...] Die Kirche ist, wie auf den übrigen Halligen, stark beschädigt. Die Halligen selbst haben mehr noch als alle übrigen an Erde verloren.« (Bericht des Pellwormer Landschreibers Bahnsen vom 19. Februar 1825 aus Friedrich Müller: Das Wasserwesen an der schleswig-holsteinischen Nordseeküste, 1917)

74 von 937 Menschen auf den Halligen und 260 Stück Vieh ertranken, von den Häusern blieb teilweise kaum eine Spur. Von 339 Häusern auf den Halligen waren 233 so zerstört, dass sie neu gebaut werden mussten.

Von Wyk auf Föhr und Husum fuhren Boote das erste Trinkwasser und Proviant auf die Halligen, deren Fethinge versalzen waren. 270 Menschen flüchteten nach Föhr, aufs Festland nach Ockholm oder wanderten nach Amerika aus.

Nach der Sturmflut wollte sich der dänische König Frederik VI. ein Bild von der Lage machen. Wegen ungünstigen Wetters musste er eine Nacht auf Hooge verweilen. Er wurde in einem der wenigen erhaltenen Häuser auf der Hanswarft untergebracht. Der König nächtigte im Alkoven, dem Wandbett. Der Raum wird seit diesem Besuch Königspesel genannt.

Hilfe und Spenden für die Opfer der Flut kamen vor allem aus Husum, dort wurde ein Hilfsverein gegründet, der für die notleidende Halligbevölkerung sammelte. Insgesamt kamen über 40.000 Reichstaler zusammen. Im ganzen Königreich Dänemark gab es eine vom König angeordnete Kollekte und Haussammlung. Planmäßige staatliche Hilfe blieb jedoch aus. Man überlegte, die Halligen aufzugeben.

Tipp:* *Nach der Halligflut von 1825 wurden einige Warften aufgegeben. Pohnswarft auf Hallig Hooge ist seitdem unbesiedelt geblieben, Neu-Peterswarft auf Hallig Gröde dient nur noch als Lagerplatz für Material der Küstenschützer. Auch die Halgewarf auf Hallig Langeness wurde, weil sie so nah an der Kante liegt, nicht wieder besiedelt. Vergleichen Sie einmal die Warfthöhen mit denen heutiger Warften. Spuren der versunkenen Warften kann man mit viel Glück im Watt vor Hooge oder Hallig Langeness finden.

HALLIGSCHUTZ

Die Halligen waren über Jahrhunderte ungeschützt den ständigen Angriffen der See ausgesetzt. Auch heute ist Halligland bedrohtes Land, und die Menschen müssen erhebliche Kraft aufwenden, um ihr kleines Eiland zu erhalten.

Zwischen 1593 und 1653 gingen auf Hooge sieben Warften verloren, schrieben die Ältesten damals in einem Aktenstück – sieben Warften innerhalb von zwei Generationen. Angegeben werden die Flächen damals in den alten Maßeinheiten Demat, das entspricht etwa einem halben Hektar, und in Nothgras, etwa ein Hektar. (Zur Vereinfachung werden die Werte hier in Hektar angegeben.)

1642 ist zum Beispiel Hallig Hooge noch 1440 Hektar groß. Gut 100 Jahre später,

Die Nordseite der Hallig Gröde hat noch keine Steinkante.

1757, beträgt die Größe noch 1.050 Hektar. Wieder gut 100 Jahre später, 1877, ist Hooge noch 677 Hektar groß.

Die Verhältnisse auf den anderen Halligen sind ähnlich, teilweise sind die Verluste noch ausgeprägter. Die Halligen verloren vor allem an den exponierten Nord- und Westseiten beständig an Fläche. Man kann es sich heute kaum vorstellen, dass so kleine Fleckchen Land wie die Halligen Habel und Südfall einmal mehrere Warften mit vielen Häusern besaßen.

Nach der Burchardiflut von 1634 wurde eifrig versucht, die Reste der Insel Strand, die heutigen Inseln Nordstrand und Pellworm, neu zu bedeichen. Auf den Halligen geschah nichts. Die Idee, auch die Halligen zu befestigen, kam kurz auf, geriet aber schnell in Vergessenheit. Man wollte die Halligen aber nicht aufgeben, es wurde sogar eine Verordnung erlassen, nach der festgesetzt wurde, dass die »zum Nordstrande gehörigen Halligen nicht an fremde Örter außerhalb des Landes verkauft oder verpfändet werden«. Für die Halligleute wurden im 17. Jahrhundert immer wieder jährliche Abgaben festgesetzt und nach regelmäßigen Protesten und den darauf folgenden offiziellen Besichtigungen, die die Armut des Halliglandes zu Tage brachten, ebenso regelmäßig wieder deutlich herabgesetzt.

1711 befahl man von herzoglicher Seite dem Landesinspektor Claasen und dem Deichgrafen Sibbers, nach Mitteln und Wegen zu suchen, weitere Abspülungen der Halligen zu verhindern. Die Beauftragten empfahlen die Errichtung von Dückeldäm-

links: Ungeschützte Halligkante vor Hilligenley, Langeness. rechts: Vor der Sicherung der Halligen mit Steinkanten fuhr man in die Priele bis zur Warft. Priele wie dieser vor der Hooger Hanswarft hatten früher noch Tiden.

men. Konkrete Maßnahmen wurden nicht ergriffen.

1732 erklärte eine Königliche Resolution die großen und einträglichen Halligen für unmöglich zu bedeichen.

Der Nordmarscher Pastor Jes Siemsen hatte zu Beginn des 19. Jahrhunderts bereits wenig Hoffnung für die Halligen.

» *Die Menschenzahl nimmt von Jahr zu Jahr in demselben Verhältniß ab, als das Land wegspült. Die Insel ist sicher nach fünfzig oder sechzig Jahren größtenteils Boden des Meers, und wenn dasselbe Verhältniß des Gestorbenen und Gebornen fortdauert, so werden die Einwohner nach Ablauf derselben Zeit ausgestorben sein.« (Jes Siemsen, Beschreibung der Insel Nordmarsch 1807, aus: Jens Lorenzen, Hg., Drei Halligbeschreibungen aus der Zeit um 1800)*

1802 bis 1807 erfolgte durch Königlich dänische Landvermesser zum ersten Mal eine amtliche Vermessung der Halligen. 1805 erließ Deichinspektor Salchow Anleitungen zur Entwässerung des Halliglandes. In der katastrophalen Februarflut 1825 gingen auf den Halligen viele Warften verloren, die Verluste an Menschenleben und Eigentum waren erschreckend.

Angesichts der Verwüstungen wurde erwogen, die Halligen aufzugeben.

Ein Argument für die Besiedlung der Halligen war die Genügsamkeit der Halligleute: Sie zögen als Seeleute viel ausländisches Geld herbei und bräuchten ihrerseits kaum fremde Erzeugnisse, hieß es. Also ließ man den Halligleuten ihre Heimat.

Am Anfang des vorletzten Jahrhunderts besaß Hallig Oland noch drei Warften: Die Warft Pipe mit über 20 Häusern, die Knudswarft mit der Halligkirche und die heutige Warft, die damals noch Neue Warft hieß. Damals lebten noch 100 Menschen auf Hallig Oland. Doch die Hallig verlor im 19. Jahrhundert große Teile ihrer Fläche mit der Kirchwarft und der Pipe. Die Kirchwarft befand sich einst im Süden der heutigen Warft, die Pipe mehr im Westen.

oben: Springflut auf Hallig Langeness. Das Wasser steht oberhalb der Steinkante. unten: Wellen an der Steinkante der Hallig Gröde. Die Hallig erhebt sich nur wenige Meter aus dem Meer.

Mitte des 19. Jahrhunderts war die kleine Hallig noch von über 60 Menschen bewohnt, die ein ärmliches Dasein fristeten. Am Ende des Jahrhunderts waren es noch gut 30. Es stand schlecht um die kleine Hallig.

Jetzt begann man, eine Steindecke als Sicherung des Halligfußes für notwendig zu erachten. Die dänische Krone erkannte nun die Erhaltung der Halligen als Staatsaufgabe, man plante verstärkten Küstenschutz, Halligschutz im Allgemeinen und vermehrte Landgewinnung. Deichinspektor Krebs erstellte im Auftrag der Krone neue Vorschläge zur planmäßigen Erhaltung der Halligen. Wie viele Veränderungen stießen auch diese Vorschläge zunächst auf Misstrauen und Ablehnung bei den Halligleuten. Doch die schweren Schäden der Flut führten den Halligleuten vor Augen, dass etwas getan werden musste. Deichinspektor Krebs empfahl Lahnungen im Watt, eine billige Methode zur Landgewinnung, »obschon ihre erste Anlage kostbar ist«.

Die Warften sollten erhöht werden, die Böschungen abgeflacht, die Häuser wieder in Ständerbauweise erbaut werden. Er schlug Begrüppelung vor und Uferschutzwerke. Es sollten Vorschriften erlassen werden gegen die Auflockerung der Warfterde und Beschädigung durch Dungablagerung.

Es geschah kaum etwas. Nach 1850 verschwand der Halligschutz erneut in den Schubladen.

Im Jahre 1853 dann wollte die Kirchengemeinde der Hallig Gröde ein Grundstück auf der Hallig Butwehl, heute ein Teil von Langeness, verkaufen. Es entspann sich eine Debatte, ob ein solches Grundstück überhaupt verkäuflich sei angesichts der Landverluste der Halligen, und erneut kamen dabei Für und Wider des Halligschutzes auf den Tisch. Es wurde wieder debat-

Nach der Sicherung der Halligen mit Steinkanten wurden auch Häfen und Schleusen notwendig wie diese Schleuse vor dem Hooger Seglerhafen.

tiert, manche standen für den Erhalt der Halligen als Schutz vor der Küste, manche wollten die Halligen als unrentabel ganz aufgeben.

Kapitän von Carstensen, Deichinspektor, sprach sich zunächst dafür aus, die Halligen aufzugeben, ließ sich dann aber eines Besseren belehren, zumal die Oberdeichgrafschaft des schleswigschen Deichverbandes, mithin also die vorgesetzte Behörde, inzwischen die Bedeutung der Halligen und Inseln als Bollwerke für die Schleswiger Festlandsmarschen erkannt hatte. Jetzt plädierte auch von Carstensen dafür, einige Halligen mit Dämmen zu verbinden, andere landfest zu machen.

Anfangs ging man nach dem Bericht einer Untersuchungskommission davon aus, nur die größeren Halligen zu retten, später wurden dann auch kleine Halligen ins Schutzprogramm aufgenommen. 1859 entstand die Dänische Kommission für Landgewinnung. Der preußisch-dänische Krieg von 1864 unterbrach jegliche Tätigkeit.

» *Man fragt bewundernd, woher dem Menschen der Mut kam, auf dieser Spanne Land ein Dasein zu gründen? Wie er vermochte, sein Geschlecht Jahrhunderte hindurch fortzuerhalten auf einem Boden, wo ihm alles fehlt, was sonst die Erde gewährt? Wie es möglich ist, eine Heimat zu lieben und mit allen Fasern des Herzens an ihr zu haften, die den Menschen überall nur mit Gefahr und Not umgibt? ... Freilich wider die Übermacht der Elemente vermag die Menschenkraft den ungleichen Kampf immer nur bis zu einem gewissen Punkte fortzusetzen, um ihr dann zu erliegen; und wie einzelne der Halligen schon von früheren Sturmfluten hinabgerissen wurden, so drohet dasselbe Schicksal auch allen übrigen … und unter diesem Eindrucke wendet man sich mit Grausen von diesen halbverschollenen Schauplätzen eines ohnmächtigen Ringens …« (Hermann Masius: Naturstudien über die Halligen, 1868)*

Erst 1866 setzte eine jetzt preußische Kommission für Schleswig-Holsteinische Wasserbau-Angelegenheiten die Arbeit fort. Eine hinreichende Finanzierung durch den Staat erreichte aber erst ein Auswärtiger, der Ingenieur Eugen Träger, mit einer eindrücklichen Veröffentlichung und mit mehreren Eingaben an den Preußischen Landtag. Schutzmaßnahmen wurden nun von der Staatskasse finanziert, im Jahre 1894 begann man mit ersten Baumaßnahmen. 1896 bewilligte der Preußische Landtag schließlich mehr als eine Million Mark für Steindecken zur Sicherung der Halligkante, für Pfahlbuhnen und Buschlahnungen zum Landgewinn. Man begann, Dämme zu errichten vom Festland nach Oland, nach Nordstrand und Nordstrandischmoor. Die Arbeiten dauerten bis in den ersten Weltkrieg, Hooge erhielt von 1911 bis 1915 einen fast vollständigen Steindeichschutz. In den 1920er und 1930er Jahren erhielten auch die anderen Halligen einen Steindeichschutz. Die einzige Ausnahme blieb Norderoog. Seit den 1930er Jahren ist der Bestand der Halligen nun gesichert. Was der fortschreitende Meeresspiegelanstieg bewirken wird, ist vorläufig nicht abzusehen.

Die Befestigungen mit Steinkanten und die Eindeichungen hatten auch andere Folgen, denn nun waren Häfen notwendig, wo man vorher bei entsprechender Tide einfach in den Priel hineinfuhr. Jetzt mussten Siele angelegt werden, um das Wasser gesteuert und kontrolliert in die Halligpriele und wieder hinaus fließen zu lassen. Die Hooger Außenschleuse entstand bereits 1916 mit der Fertigstellung des Deichs, die Innenschleuse wurde in den dreißiger Jahren fertig.

***Tipp:** Spuren der Bemühungen um Halligschutz kann man auch an im Watt versunkenen Lahnungen, zum Beispiel vor Hallig Langeness, erkennen. An den wenigen von Steinkante und Deich ungeschützten Stellen, die die Halligen noch haben – die Nordseite von Hallig Gröde (eigentlich Appelland), Hallig Norderoog – ist der ständige Fraß des Meeres zu sehen. An manchen Stellen wie bei Neuwarft oder Alt-Peterswarft auf Hallig Langeness mussten die Warften mit einem Steinschutz versehen werden. Auch der Westdeich von Hallig Hooge ist komplett mit einer Steinbedeckung versehen, weil bei Sturm dort die See den Deich auch von innen angreift.*

05
DAS ALTE HALLIG-LEBEN

Das Leben auf den Halligen hatte bis weit nach dem Zweiten Weltkrieg noch einen sehr archaischen Charakter. Es gab weder Strom aus der Steckdose noch fließendes Wasser, geheizt wurde wie seit Jahrhunderten mit getrocknetem Kuhdung. Die Bauweise klassischer Hallighäuser ähnelte stark der Bauweise, die im Norden seit Jahrtausenden gepflegt wurde.

DIE WARFT

Siedlungen auf Warften gibt es in den Marschlanden seit Jahrtausenden. Warften prägen auch die Silhouetten der Halligen. Halligen sind unbedeicht und werden häufig im Jahr überflutet. Ohne die Warften wäre auf den Halligen kein Leben möglich.

Der Begriff Warf oder Warft hängt möglicherweise mit »aufwerfen« zusammen. Manche Warften tragen ein einzelnes Haus, manche – wie zum Beispiel die Hanswarft auf Hooge oder die Warft auf Oland – beinahe ein kleines Dorf. Die Warftplattform wurde so klein wie möglich gehalten, denn die Aufschüttung der Warften geschah mit Spaten und Schaufel und musste vom Besitzer selbst finanziert werden. Die meisten Warften sind nach ihren Besitzern benannt. Ockenswarft, Tadenswarf, Peterswarft weisen darauf hin. Mittlerweile gibt es für die regelmäßig notwendigen Warfterhöhungen staatliche Zuschüsse.

Am Priel, Hallig Gröde um 1895.

oben: Heute verstecken sich die alten Häuser oft hinter den hohen Warftdeichen. unten links: Priel und Warft Christianswarf, Langeness, vor dem 2. Weltkrieg. unten rechts: Altes Hallighaus auf Oland vor dem ersten Weltkrieg. Die langegestreckte Bauweise ist erkennbar und auch, dass ein Teil offenbar später angebaut wurde.

***Tipp:* Gäste sind eingeladen, auf den öffentlichen Wegen die Warften zu erkunden und sich Fethinge und Baustruktur ansehen. Jeder ist aber gebeten, zu beachten, dass er sich dabei nah am Privatbereich der Halligbewohner bewegt. Bitte betreten Sie keine Häuser, die nicht ausdrücklich als Museen, Geschäfte oder Gasthäuser dazu einladen. Auch neugierige Blicke durch die Fenster von Privathäusern sind nicht gerne gesehen.**

DAS HALLIGHAUS

Das traditionelle Hallighaus ist in der Regel etwas kleiner als das Friesenhaus auf dem Festland oder den großen Inseln, denn der Platz auf der Warft war und ist begrenzt. Aber wie überall in den Uthlanden vereinte

auch das aus Ziegeln und Holz gebaute, alte Halligbaus Wirtschaftsbereich und Wohnen unter einem Dach.

Das durchschnittliche, traditionelle Halligbaus war ungefähr acht Meter breit und zwischen 10 und 20 Meter lang. Häufig wurden zwei Häuser mit den Schmalseiten unter einem gemeinsamen Reetdach aneinander gebaut. Das Dach aus Reet wurde weit herunter gezogen. Die Decken- und Dachkonstruktion ruhte auf kräftigen Eichenständern.

Diese Eichenständer wurden tief im Warftboden verankert. So hielt das tragende Gerüst auch im Fall einer Sturmflut und konnte für die Menschen auf dem Heuboden zur Rettung werden. Ab Mitte des 19. Jahrhunderts verließ man zunehmend diese Ständerbauweise. Jetzt vertraute man den dickeren Ziegelmauern, auf die man die Dachbalken legte. Erst in neuerer Zeit kehrte man nach den schweren Zerstörungen der Flut von 1962 für die Schutzräume der Halligbäuser wieder zur Ständerbauweise zurück – allerdings sind heute die Ständerkonstruktionen aus Beton.

Die Haustür befand sich meistens in der Mitte der Südfassade. Oft gab es an der Nordwand eine gegenüber liegende Tür, die Nordertür. Die Fenster waren Sprossenfenster. Selten gab es über der Südertür einen Spitzgiebel, wie man ihn auf den Geestinseln oft findet.

Im Inneren waren die traditionellen Halligbäuser im Prinzip alle recht ähnlich aufgeteilt. Natürlich gab es erhebliche Größenunterschiede, je nachdem, ob man das Haus einer armen Witwe oder das eines erfolgreichen Kapitäns betrat.

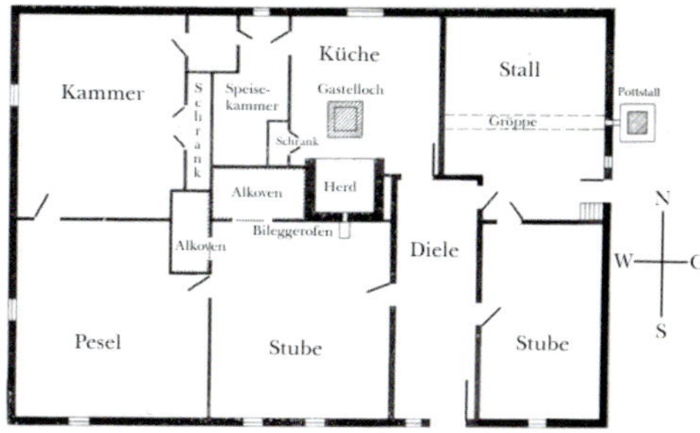

Kommt man in ein altes Halligbaus durch die Tür auf der Südseite, so gelangte man in die Diele, meistens nicht mehr als ein recht schmaler Gang, der das Haus quer teilte. Er trennte die Stallungen vom Wohnbereich mit Küche, Kammer, Döns (Stube) und Pesel. Die Häuser standen meistens in West-Ost-Richtung auf der Warft, so dass dem Wind nur die schmale Seite dargeboten

oben: Grundriss eines typischen Halligbauses.
unten: Alkoven in der Dörns, Königspesel, Hooge.

oben links: Gusseiserner Bilegger. oben Mitte: Abnehmbare Messingknöpfe an einem Bilegger. Sie dienten als Handwärmer und Seeleute nahmen sie gern als Erinnerung an zu Hause mit auf Fahrt. oben rechts: Kunstvoll bemalter Eckschrank im Königspesel, Hooge. unten: Das Dach reicht tief herab, die Fenster sind klein.

wurde. Der Wohnbereich befand sich in dem Teil des Hauses, der Wind und Wetter weniger ausgesetzt war.

Von der Diele aus gelangte man in manchen Häusern in eine kleine Stube, hinter der der Stall lag. Die Gülle aus dem Stall lief direkt über die Gröppe in den Pottstall. Dort wurde auch der Dung gesammelt und im Frühjahr für die Dittenherstellung verwendet.

Auf der anderen Seite der Diele führte eine Tür in die Döns, die Wohnstube, und eine weitere Tür in die dahinter gelegene Küche, die vom gemauerten Herd beherrscht wurde. Vor dem Herd befand sich das Gastelloch, eine Vertiefung im Boden, die es der Hausfrau erlaubte, sitzend den tief gelegenen Backofen zu bedienen. Von der Küche aus gelangte man in vielen Häusern in eine schmale Speisekammer, hinter der sich manchmal noch eine winzige Stube befand, meistens mit Wandbetten.

Die Wohnstube lag fast immer an der Südseite des Hauses. Von ihr aus konnte man den Pesel betreten, die Festtagsstube. Die Döns oder Dörns war die Alltagsstube. Sie wurde traditionell durch einen Bilegger beheizt, der von der Küche aus bestückt wurde. Damit vermied man Staub und Schmutz in der Stube. Die Messingknäufe der Bilegger waren abnehmbar und dienten als Handwärmer. Seeleute nahmen solch einen Knauf gerne mit auf Fahrt. Kehrte der Seemann glücklich heim, steckte er den Knauf wieder an seinen Platz – eine Glück bringende Symbolhandlung. Der prächtig mit Fliesen geschmückte Pesel war besonderen Anlässen vorbehalten: Hochzeiten, Taufen, Aufbahrung der Toten, Leichen-

oben: Nachfertigung eines Woarpottes im Kapitän-Tadsen-Museum, Langeness. Darin wurde der Notvorrat an Trinkwasser aufbewahrt. unten: Traditioneller Herd. Der Backofen unten wurde im Sitzen beschickt.

oben: Fething und Soodschwengel neben den Häusern auf Backenswarft (hier Bakken's Werft geschrieben) um 1900. unten: Ein Fething heute. Langeness.

schmaus. Er war nicht beheizbar und hieß »die kalte Pracht«.

In die Wände der Stube waren Alkoven eingebaut, mit Türen verschließbare Wandbetten, angeordnet um das Zentrum des Hauses, den wärmsten Ort. Wie überall in den friesischen Häusern waren in die Wände größere oder kleinere Schränke eingefügt – ursprünglich bestanden die Zwischenwände im Wohnteil, abgesehen von der Herdwand, ganz aus hölzernen »Raumteilern« mit Wandbetten und Schränken, den »Schapps«.

Tipp: *Das Kapitän-Tadsen-Museum auf Hallig Langeness bietet die Möglichkeit zu einem Rundgang durch ein komplett als Museum hergerichtetes, altes Kapitänshaus. Der Königspesel auf Hooge zeigt eine prächtige Wohnstube eines Kapitänshauses. Im einen oder anderen Hallighaus, je älter, desto besser, ist noch die alte Architektur und Ausstattung zu erahnen oder gar vorhanden. Alte Halligarchitektur ist nach 1962 selten geworden. Eines der letzten ursprünglichen Hallighäuser von Hallig Langeness befindet sich heute im Freilichtmuseum Kiel-Molfsee.*

FETHING UND SODBRUNNEN

Halligen verfügen nicht über Süßwasserquellen, daher ist die Versorgung mit Trinkwasser für Mensch und Vieh seit jeher ein zentrales Problem.

Der Bedarf von Mensch und Tier musste in der alten Zeit vollständig über Niederschlagswasser gedeckt werde: Regen, Hagel oder Schnee. Um das Regenwasser aufzufangen, hatten die Halligleute ein überaus kluges System entwickelt.

Jede Warft besaß einen Fething, einen trichterförmigen Teich in der Mitte der Warft. Bei jedem Haus gab es zwei runde, brunnenartige Behälter im Warftkörper – sie heißen Sod: Einer war über eine Leitung mit dem Fething verbunden und enthielt von dort aus das Wasser für das Vieh. Der

Haus-Sod wurde nur durch Regenwasser vom Dach gespeist und enthielt das Trinkwasser. Mit Eimern wurde das Wasser aus den Sod-Brunnen geschöpft.

Wenn eine neue Warft aufgeschüttet werden sollte, steckte man die geplante Lage für Fething, Trinkwasser-Sod und Fething-Sod ab. Mit dem Aufwerfen der Erde wuchsen Fething und Sod zugleich mit. Die Sod-Brunnen wurden mit Grassoden (daher der Name), Holzplanken oder später mit Ziegelsteinen ausgekleidet.

Von einem Stück Grasland neben der Warft, das mit einer niedrigen Aufhöhung umgeben war, wurde Niederschlagswasser über eine verschließbare Röhre in den Fething geleitet

Der Trinkwasser-Sod war verschließbar und wurde ausschließlich vom Niederschlagswasser des Hausdachs gespeist. Aus ihm bezog man den gesamten Wasserbedarf für den Haushalt. Auf den Halligen ging man bis weit in unsere Zeit sehr sparsam mit Süßwasser um.

Der Fething ist offen und fing das Regenwasser für das Vieh auf. Er war gerne mit einem Zaun umgeben, damit das Vieh nicht hineinfiel, verendete und das gesamte Wasser verdarb. Aus dem Fething wurde der Fething-Sood gespeist, aus dem dann das Vieh getränkt wurde. Als Tränken dienten oft sogenannte Nosten, alte Steinsärge aus mittelalterlicher Zeit.

Die Fethinge mussten regelmäßig vom Schlamm gereinigt werden, sonst verschlammten sie und fassten nicht mehr ausreichend Wasser. In trockenen Sommern nutzte man die Gelegenheit. Ein Mann schaufelte dann im Fething den

oben: So genannte Noste. Ein alter Steinsarg aus den frühen bis hohen Mittelalter, der später als Viehtränke genutzt wurde. Hooge. unten: Ein alter, nicht mehr genutzter Soodbrunnen.

Schlamm in einen Schlitten, Pferde zogen den Schlitten nach draußen, dort wurde er geleert und der Schlamm die Warft hinuntergekippt.

Schlimm war es, wenn eine Sturmflut die Warften überflutete und das Wasser im Fething versalzte. Dann litten Mensch und Tier Durst, bis Frischwasser z.B. per Schiff geliefert wurde. Für den Notfall hat man früher auch oft große Tongefäße mit

links: Ditten, auf den Halligen das Heizmaterial vergangener Zeiten. (Königspesel, Hooge) rechts: Traditioneller Herd, der mit Ditten beheizt wurde.

Trinkwasser auf dem Boden, den Woarpot. Später wurde dann auch in besonders trockenen Sommern Wasser mit Schuten von Husum auf die Halligen transportiert. In den 1960er und 1970er Jahren erhielten auch fast alle Halligen eine Fernwasserversorgung.

Tipp: ***Auf den Warften kann man noch die alten Fethinge sehen. Größere Warften besitzen meist mehrere Fethinge. Heute ist ein Teil zugeschüttet, um auf den Warften mehr Platz zu gewinnen.***
Einen Woarpot kann man nachgefertigt im Kapitän-Tadsen-Museum auf Hallig Langeness sehen.

DITTEN – WÄRME AUS DUNG

Selbst das Heizmaterial stellten die Halligleute in früherer Zeit selbst her. Wo es keine Bäume gab und keine Kohle, behalf man sich anders. Auf den Halligen verwendete man Ditten zum Backen, Kochen und Heizen. Ditten waren aus trockenem Kuh- und Schafsdung. Der Kuhdung wurde den Winter über im Pottstall gesammelt, einem ummauerten Viereck an der Stalltür.

Im Frühjahr wurde die gesamte Masse auf dem sonnenseitigen Warfthang ausgebreitet, von den Kindern zu einer Ebene zusammengetreten und mit dem Dittenstamper weiter geglättet. Sie trocknete dann im hoffentlich sonnigen, windigen Wetter. Nach zehn Tagen bis drei Wochen, je nach Wetterlage, konnte die Masse mit dem Dittenpricker, einem viereckigen Holzspaten, in quadratische Stücke geschnitten und gewendet werden. Das Wenden erforderte einige Übung.

Anschließend legte man die Stücke ziegelartig übereinander und ließ sie bis Pfingsten weitertrocknen. Danach konnte man die Ditten, die jetzt hart und völlig geruchlos waren, auf dem Dachboden stapeln. Der Jahresbedarf lag ungefähr bei 15.000 bis 20.000 Ditten pro Haushalt, das entsprach dem Mist von drei bis vier Kühen.

Tipp: Im Königspesel auf Hooge und auch im Kapitän-Tadsen-Museum auf Langeness sind – mittlerweile natürlich Jahrzehnte alte – Ditten zu bewundern. Heute stellt niemand mehr solches Heizmaterial her.

Hütejunge vor Hilligenley, Langeness um 1910. Damals wurde das Halligland noch nach der Allmende bewirtschaftet.

ALLMENDE

Auf den Halligen war seit jeher Ackerbau nicht möglich. Es gab einzelne Versuche, auf kleinen, von einem niedrigen Sommerdeich umgebenen Kögen Getreide anzubauen, aber das war nicht von Erfolg gekrönt. So beschränkte man sich auf Weidewirtschaft mit Rindern und Schafen.

Das Land wurde jedes Jahr neu nach den komplizierten Regeln der Allmende verteilt; jeder Bauer erhielt sein Land entsprechend den unterschiedlichen Nutzungsanteilen an Fenneland zur Gräsung und Heu- bzw. Meedeland. Das heißt es gab keinen festen Landeigentümer, nur Landnutzer. Der Sinn der jährlichen Neuaufteilung lag darin, die Flächen unterschiedlicher Qualität und die Landverluste an den Halligufern durch Abbruch, durch Übersandung oder Muschelbelag möglichst gerecht auf alle Halligbauern zu verteilen. Die Ansprüche der einzelnen Parteien wurden in Meede- und Fennenbüchern festgehalten. Die Größe der zu vergebenden Flächen war bis aufs Kleinste verzeichnet, sie wurde mit einem speziellen Maß-Stock immer wieder nachgemessen. Genau festgelegt waren die Dauer der Weidezeit und die winterliche Weidefreiheit. Festgelegt waren die Stückzahl des Viehs und die Berechtigung zum Sammeln des Dungs zur Herstellung der Ditten als Heizmaterial. Auch die Unterhaltung von Brücken und Stegen, die Strafgelder bei Verstößen und die Einstellung von Viehhirten wurden exakt festgehalten.

Erst nach den Uferschutzmaßnahmen Ende des 19., Anfang des 20. Jahrhunderts hatten die Landverluste ein Ende. Und bald endete auch die Zeit der Allmende, das Land wurde nach und nach erbliches Eigentum der Bauern.

Tipp: Auf Hallig Gröde wird das Land bis heute nach der Allmende gemeinsam genutzt. Jeder Halligbauer hat seinen genau definierten Anteil in Hektar, aber es ist nicht jedes Jahr dasselbe Stück Land. Der sichtbarste Ausdruck der Allmendewirtschaft ist die weitgehende Abwesenheit von Zäunen – die Flächen sind durch Gräben und Priele begrenzt.

Mit der Gliep, dem traditionellen Handnetz, auf Krabbenfang im Watt, um 1895.

FISCHER, JÄGER UND SAMMLER

Es gab auf den Halligen in der alten Zeit, die dort bis nach dem Zweiten Weltkrieg andauerte, noch andere Quellen für Nahrung und Erwerb neben Seefahrt und Viehzucht. Man mag zunächst vermuten, die Halligleute hätten sich der Fischerei gewidmet. Aber eigentümlicherweise wurde der Fischfang auf den Halligen der Neuzeit nie Haupterwerbsquelle, selbst die Watten- und Küstenfischerei wurde in der Regel nur in beschränktem Ausmaß für den Eigenbedarf betrieben.

Aus dem 17. Jahrhundert ist der Fang von »Rocheln« bei Hallig Jordsand überliefert, im 18. Jahrhundert wird von Schollen- und Buttfang berichtet. Den Butt fing man bis ins 20. Jahrhundert mit der Hand oder einem Spieß, nachdem man ihn durch Trampeln, das Buttpedden, aufgescheucht hatte. Den Butt fing man auch mit Porrennetzen, zusammen mit Aal und Taschenkrebs. Die Porren, so heißen auf den Halligen die Krabben, fischten die Frauen, oft bis zu den Hüften im Wasser gehend, mit Handnetzen, die Gliep heißen.

Man sammelte Sandklaffmuscheln, Miesmuscheln und in kleinem Maßstab Austern. Die Schalen aller Arten gesammelter Muscheln wurden als Zusatzerwerb an Kalkbrennereien verkauft.

Auf den Sandbänken vor Hooge und Süderoog ging man auf Seehundjagd, später auch zur Attraktion für jagende Badegäste. Man schoss den Seehund oder erschlug ihn mit dem Knüppel. Der Seehund wurde bis in die zweite Hälfte des 20. Jahrhunderts im Wattenmeer fast ausgerottet, aber es dauerte bis 1973, bis die Seehundjagd in Schleswig-Holstein ganz eingestellt wurde. Heute haben sich die Bestände gut erholt und sind stabil.

Auch die Vogeljagd auf Enten und Gänse spielte, vor allem zur Zugzeit, eine gewisse Rolle, und die Eier diverser Vogelarten bildeten eine willkommene Ergänzung des Speiseplans. Der Jäger ging nachts mit Gewehr und Blendlaterne auf Enten. Es hieß, man finge die Tiere besonders gut bei Sturm oder Regen.

Eine zusätzliche Einnahmequelle bildeten Bernsteinfunde, doch für eine gewerbsmäßige Sammeltätigkeit ist die Gegend wohl nicht ergiebig genug, die Ostseeküste läuft dem Wattenmeer den Rang ab.

Tipp: ***Bis heute existiert auf den Halligen der Posten des Seehundjägers. Früher war er derjenige, der lizensiert war, Seehunde zu schießen. Heute kümmert er sich um die Bestände und ist Heger der Seehunde. Er ist***

auch dafür zuständig, Heuler zur Seehundstation Friedrichskoog zu bringen, und wird benachrichtigt, wenn Heuler, verletzte oder tote Seehunde irgendwo auf der Hallig gefunden werden.

SELBSTVERSORGER

Auf den Halligen gab es weniger Handwerker als auf dem Festland, in erster Linie Holzhandwerker, Zimmerer, auch Schiffszimmerleute und Bootsbauer. Die Halligmenschen machten möglichst alles selbst, was ihnen ein erhebliches Maß an Autonomie und Findigkeit einbrachte.

Es gab – und gibt bis heute – auch keine Ärzte auf den Halligen, der nächste Arzt praktizierte auf Amrum oder Föhr. Der gesundheitliche Preis für das Halligleben war oft auch hoch, viele Kinder starben an banalen Infektionen, und die Alten litten wegen der feuchten Behausungen oft an Rheuma.

Jeder, früher sogar der Pastor, hielt Vieh. Zwei Kühe und zehn Schafe waren das Minimum. Jeder hielt Hühner für die Versorgung mit Eiern. Im Winter wurde die Wolle der Schafe gesponnen. Man verkaufte in guten Jahren auch Lämmer, ansonsten fand die Wolle der Halligschafe Abnehmer. Einen kleinen Teil der Wolle behielten die Halligfrauen, um sie für den Eigenbedarf zu verarbeiten. Die Halligfrauen strickten Pullover, Mützen, Handschuhe, fast alles. Eine Hallig war damals im Prinzip völlig autark, lediglich Getreide wurde ungemahlen angekauft. Jeder Haushalt besaß eine Handmühle für den eigenen Bedarf, und es gab auf jeder Hallig mehrere Bockmühlen für größere Mengen.

Wegen des salzigen Bodens und des unerbittlichen Seewinds wachsen auf den Halligflächen keine Sträucher und Bäume. Im

links: Mit solchen Handmühlen wie dieser im Kapitän-Tadsen-Museum, Langeness, wurde früher das Korn gemahlen. Jeder Haushalt besaß eine solche Mühle, das Getreide wurde ungemahlen auf dem Festland eingekauft. rechts: Vor vielen Hallighäusern kann man noch alte Mühlsteine stehen sehen.

oben: Kirchwarft Hallig Hooge heute. unten links: St. Johannis, Hallig Hooge, um 1900. Das alte Pastorat war noch kleiner als die Kirche. unten rechts: Priel mit Segelboot vor Kirchwarft, Hallig Hooge, um 1910. Damals konnte man noch mit dem Boot in die Priele der Hallig hineinfahren.

Schutz der Häuser oder eigens errichteter Bretterzäune zogen aber die Halligleute in winzigen Gärten auf der Warftkuppe einiges an Gemüse – vor allem Kohl, Steckrüben, Möhren, Bohnen –, und es konnten kleine Beerensträucher und sogar gelegentlich niedrige Pflaumenbäume wachsen. Auf Süderoog gab es früher im Windschutz des großen Gehöfts einen vergleichsweise üppigen Garten, den Theodor Storm in seiner Erzählung Eine Halligfahrt beschreibt. Luxusgüter wie Tee, Südfrüchte, Zucker, Schnaps und Tabak wurden auf dem Festland eingekauft.

Es gab lange keine regelmäßige Verbindung zum Festland oder zur Insel Föhr, nur kleine Boote fuhren unregelmäßig. Die regelmäßige Einkaufstour der Halligleute zum Festland und die beiden kleinen Läden für den täglichen Bedarf auf den Halligen Hooge und Langeness sind verhältnismäßig neue Entwicklungen. Auch regelrechte Gaststätten entstanden erst mit dem Zustrom der Touristen. Auf den größeren Halligen Langeness und Hooge gab es früher in einigen Privathäusern eine »Gastwirtschaft« in einer Stube.

HALLIGKIRCHEN

Halligkirchen stehen anders als Festlandskirchen selten trotzig dort, wo sie schon seit vielen Jahrhunderten immer standen. Oft ist es die dritte, vierte oder siebente Kirche der Halliggemeinde. Die Vorgängerbauten hat sich das Meer geholt. Die Halligkante rückte der Warft mit der Kirche immer näher, irgendwann wurde die Warft aufgegeben, die Gemeinde rettete

das Interieur und baute sich ein neues Gotteshaus. Deswegen ist bei mancher Halligkirche die Inneneinrichtung älter als das Kirchengebäude, ein am Festland in der Regel unbekanntes Phänomen. Manche Halliggemeinde wie Hooge und Langeness erhielt nach dem Verlust einer Kirche auch erst Jahrhunderte später ein neues Gotteshaus. Einrichtungsgegenstände wurden aus Kirchen untergegangener Orte weiter verwendet. Die Einrichtung der Hooger Kirche stammt zu Teilen aus der versunkenen Alt-Nordstrander Gemeinde Osterwohld, die 1634 verloren ging.

Hallig Langeness besitzt eine Kirche, aber zwei Kirchhöfe. Die Hallig wuchs zusammen aus den drei Halligen Nordmarsch, Langeness und Butwehl. Die Gemeinde Langeness besaß eine Kirche auf der Kirchwarf, Hallig Nordmarsch hatte sein Gotteshaus auf der Kirchhofswarf. Die Kirche wurde abgebrochen, der Nordmarscher Friedhof aber weiterhin genutzt.

Die kleine Gröder Kirche ist bereits die siebente Kirche der Gemeinde Gröde. Die Oländer Kirche war einige hundert Jahre auch Kirche der Langenesser. Damals gab es noch eine Landverbindung zwischen Oland und Langeness. Und Hallig Nordstrandischmoor verfügt nicht mehr über eine Kirche. Dort finden die Gottesdienste im Schulhaus auf der Amalienwarft statt.

Früher hielten auch die Pastoren auf den Halligen Vieh, denn die Halliggemeinden waren nie reich, und auch Geistliche müssen essen.

Nachgebauter Stock. Die typischen schmalen gebogenen Halligbrücken überspannten die Priele.

Tipp: Die Halligkirchen auf Hooge, Langeness, Oland und Gröde sind alle einen Besuch wert. Sie unterscheiden sich sehr in ihren Eigenheiten, und man merkt ihnen an, wie sehr die Halligmenschen ihren Gemeinden verbunden sind. Auch für einen Gang über die Friedhöfe auf Hooge, Nordmarsch, Langeness, Oland, Gröde und Nordstrandischmoor sollte man sich die Zeit nehmen und ruhig auch einmal ein wenig die Grabsteine lesen. Auf dem Hooger Friedhof liegt der berühmte Vogelwart von Nordoog, Jens Wandt. Auf dem Oländer Friedhof befindet sich das Grab des Halligdichters Wilhelm Lobsien, und auf dem Gröder Friedhof liegen auch die letzten Pächter von Hallig Habel begraben.

WEGE UND STEGE

In den alten Zeiten waren die Halligen weglos. Vieh, Waren oder Heu wurden über die Fennen transportiert. Sogenannte Stöcke überspannten die Priele, schmale Brücken, deren Höhe und gebogene Form nötig war, damit Boote mit Heu darunter durchfahren konnten.

Man trieb auch die Schafe über die Stöcke. Wollte man Rinder umtreiben, musste man weite Umwege in Kauf nehmen, denn

oben: Heute gibt es auch auf den Halligen Straßen, wenn auch nur schmale.

Rinder lassen sich nicht auf derart schmale Planken treiben. Aber auch mit Schafen konnte es Probleme geben. Trafen sich zwei Schafherden auf dem Stock, wurde es schwierig. Auf dem schmalen Stock kann auch ein Schaf nicht rückwärts laufen. So musste der Hirte jedes Schaf einer Gruppe einzeln mühsam herunter tragen, bis der Weg für die andere Gruppe frei war.
Die Warften befanden sich in der Regel in der Nähe der Priele. In der alten Zeit waren die Priele schiffbar, in den Prielen im Inneren der Hallig herrschte genauso Hoch- und Niedrigwasser wie im Meer. Mit flachen Booten transportierten die Halligleute auf ihnen alles, was Haushalt und Landwirtschaft bedurften: das Heu, Schafe oder Wolle zum Verkauf, eingekaufte Waren vom Festland. Alles, was an der Halligkante angelandet wurde oder verschifft werden sollte, fand seinen Weg über die Priele.
Doch die Priele bargen auch Gefahren.

» *Das erste Kind des Hooger Pastors Anton Wilhelm Conrad Schmidt ertrank 1823 »im großen Schlote bey der Kirche durch ein schreckliches Verhängnis des Allerhöchsten in einem Alter von 3¾ Jahren«. (nach der Hooger Schulchronik, aus: Günter Schirrmacher: Hallig Hooge)*

Erst im 20. Jahrhundert gab es Wege auf der Hallig und feste Brücken über die Priele. Und seit den 1950er Jahren gibt es auch Straßen.

Tipp: ***Auf Hallig Hooge gibt es Nachbauten typischer Stöcke – kleiner Halligbrücken. Aber auch sonst werden bis heute die kleineren Priele zwischen den Fennen mit oft schmalen Bretterkonstruktionen überbrückt. Man kann bis heute noch sehen, dass viele Warften nicht allzu weit von einem Priel entfernt liegen. Achten Sie einmal darauf.***

LORENBAHN

Die Halligen Oland, Langeness und Nordstrandischmoor sind durch Dämme mit dem Festland verbunden. Eigentümer aller Dämme ist das LKN, das Landesamt für Küstenschutz, Nationalpark und Meeresschutz. Die Dämme sind eigentlich nur für Materialtransporte gedacht. Außerhalb der Arbeitszeiten des LKN und nach Absprache dürfen Halligbewohner sie allerdings auch privat nutzen.
Der erste Damm nach Hallig Oland entstand im Jahre 1896 für die Materialtransporte für die neu entstehende Steinkante.

Er verlief von Fahretoft nach Oland und hielt lediglich 20 Jahre, bevor er ein Raub der Fluten wurde. 1925 bis 1927 entstand ein neuer Damm nach Dagebüll. Ein Jahr später wurde er bis zur Hallig Langeness verlängert.

Der alte Lorendamm über Oland nach Langeness war nur bei Niedrigwasser nutzbar. Seit kurzen ist allerdings ein neuer, höherer und breiterer Damm fertig gestellt, der nahezu tideunabhängigen Verkehr erlaubt. Es gibt Ausweichstrecken für Gegenverkehr, und es gilt die Regel, dass derjenige, der weniger als die Hälfte der Strecke zurückgelegt hat, zurückfahren muss.

Die Lorenbahn nach Hallig Nordstrandischmoor (Plattdeutsch: Lüttmoor) wurde als Feldbahnstrecke auf einem Pfahldamm 1934 eröffnet. Festländischer Endpunkt war damals der Cecilienkoog. Nach der Fertigstellung des Beltringharder Koogs wurde der Ausgangspunkt der Bahn auf dem Festland nach Lüttmoorsiel verlegt und um die Hälfte kürzer. Auf Lüttmoor gibt es einen kleinen Lorenbahnhof und eine Zweigstrecke nach Neuwarft.

Anfangs wurden die Loren noch mit Segeln betrieben. Später dann wurden die Segel durch Mopedmotoren ersetzt. Die Loren sind meist einfache Flachwagen mit Bänken. Manche sind aber sogar zu geschlossenen Fahrzeugen ausgebaut.

Tipp: ***Ein Nachbau einer Segellore steht auf Ketelswarft, Hallig Langeness. Wenn man Urlaub auf den Halligen Oland oder Nordstrandischmoor macht, reist man nicht per Schiff an, sondern wird vom Gastgeber mit der Lore am jeweiligen Lorenbahnhof Dagebüll bzw. Lüttmoorsiel abgeholt. Ansonsten ist eine Fahrt mit einer Lore für Gäste nicht möglich.***

oben: Die Loren können auch von den Gleisen gehoben und auf der Warft in Sicherheit gebracht werden, zum Beispiel wenn Landunter droht. Mitte: Nachbau der legendären Segellore von Käpt'n Magda, Oland, auf Ketelswarf, Langeness. unten: Fahrt mit der Lore nach Oland.

06
DAS HALLIGJAHR IN ALTER ZEIT

WINTER

Schon bevor Frost und Winterstürme kamen, musste man sich auf der Hallig mit Vorräten eindecken. Stroh, Korn, Kartoffeln, Winterkohl musste eingelagert werden. Das Vieh wurde mit Heu gefüttert. Da es bis weit in die Nachkriegszeit keinen Strom gab, war auch Petroleum wichtig. Jeder Haushalt lagerte Lebensmittel für zwei, besser noch drei Monate ein, denn es konnte immer sein, dass in kalten Wintern Eisschollen auf der See jeden Verkehr mit Booten lahmlegten. Dann gab es auch keine Post. 1888 beging die im Eis eingeschlossene Hallig Hooge noch den Geburtstag des alten Kaisers Wilhelm I., obwohl der bereits tot war. Die Familien verbrachten viel Zeit im Haus, es wurde gesponnen, gestrickt und Geschichten erzählt. Die Kinder fuhren Schlittschuh auf den zugefrorenen Prielen. Am 21. Februar wurde traditionell Biikebrennen gefeiert. Jetzt konnte das Frühjahr kommen.

FRÜHJAHR

Wenn der Winter zu Ende war, wurde der Butt gefangen. Und die Lammzeit begann. Früher war Schafzucht der Haupterwerbszweig auf den Halligen. Die Lammzeit war – und ist bis heute – eine anstrengende Zeit für den Schäfer. Er musste Tag und Nacht auf dem Posten sein, denn jedes totgeborene Lamm war auch ein Einnahmeverlust. Später musste der Bauer aufpassen, dass die

Winter auf Hallig Oland.

Mutterschaft mit Lamm, Hallig Gröde.

Lämmer nicht in die Priele oder Sikken fielen und ertranken. Auch daran hat sich bis heute wenig geändert.

Wenn die Frühlingssonne die Warft abgetrocknet hatte, begann die Zeit des Dittenmachens. Der Mist aus dem Pottstall wurde auf dem Warfthang ausgebracht getrocknet. Auf den Dachboden kamen die Ditten, wenn sie ganz durchgetrocknet und geruchlos waren.

Im Mai oder Juni wurden die Schafe geschoren. Vorher wurden sie in Meerwasser gewaschen. Die Schafe wurden einzeln ins Wasser geworfen, und die Wäscher, die Wollzeug im kalten Wasser standen, wuschen die Wolle ordentlich durch. Nach einigen Tagen wurden die wieder trockenen Schafe geschoren.

SOMMER

Die Heuernte begann immer am Johannistag, dem 24. Juni. Es kamen zusätzlich Lohnknechte vom Festland oder den Inseln auf die Hallig. Der Arbeitstag begann um drei Uhr morgens, um zwölf Uhr war Mittag, um halb sieben am Abend war Feierabend. Das Heu wurde zum Einbringen in große Laken gepackt, die ersten ungefähr 500 Bünnen kamen auf den Heuboden, der Rest wurde draußen auf der Warft nahe der Stalltür zu einem hohen Haufen (Diemen) aufgeschichtet und beschwert, damit das Heu gepresst wurde und nicht wegwehte. Überraschendes Landunter während der

Heuernte konnte des Bauern Ruin bedeuten, denn sein Vieh wurde im Winter ausschließlich mit Heu ernährt. Konnte er kein Ersatzheu vom Festland zukaufen, musste er sein Vieh verkaufen. Bis zum 24. August war die Mahd in der Regel beendet, nun konnte auch das Meedeland zur Gräsung des Viehs genutzt werden.

HERBST

Im Herbst fing man die Porren, die Nordseekrabben. Sie waren eingesalzen wichtig für den Wintervorrat. Zum Porrenfischen zogen sich Männer und Frauen altes Zeug an und gingen zwei Stunden vor Niedrigwasser mit der Gliep, dem traditionellen Porrennetz, ins Wasser. Die größeren Kinder mussten mit, um die mitgefangenen Krebse auszusortieren. Kam die Flut, ging es nach Hause. Die gefangenen Porren wurden in Salzwasser gekocht. Die abgekühlten Porren mussten nun noch gepult werden. Bei einem guten Fang war die ganze Familie beschäftigt. Das Porrenfleisch wurde in großen Steintöpfen eingesalzen und hielt den ganzen Winter hindurch.

Salzwiese im Sommer.

07
KULTUR UND BRAUCH

Einige der alten Bräuche sind auf den Halligen bis heute erhalten geblieben, manche sind wiederbelebt, andere im Laufe der Zeit verändert worden. Die Anzahl der Halligmenschen, die noch Friesisch sprechen, ist leider erheblich zurückgegangen. Heute wird weit mehr Niederdeutsch oder manchmal sogar nur noch Hochdeutsch gesprochen.

FRIESISCH

» *Die Sprache, welche auf Nordmarsch und den umliegenden Halligen geredet wird, ist die friesische, welche von allen Sprachen der Welt weit unterschieden ist; […]« (Lorenz Lorenzen: Genaue Beschreibung der wunderbaren Insel Nordmarsch, 1749)*

Friesisch ist kein Dialekt, sondern ein eigenständiger Zweig der westgermanischen Sprachen.
Friesisch spaltet sich in verschiedene Dialekte, so dass es bisweilen Schwierigkeiten gibt, einander zu verstehen. Alleine in Nordfriesland gibt es fünf gesprochene Varianten des Friesischen: Öömräng, das auf Amrum gesprochen wird, Fering auf Föhr und Sölring auf Sylt. Halunder wird auf Helgoland gesprochen. Das nordfriesische Festland hat sechs verschiedene Varianten des Friesischen. Auf den Halligen sprach man einmal ausschließlich Halifresk, Halligfriesisch. Das Halligfriesische ist eine Sprache, die nachhaltig vom Niederdeutschen verdrängt wurde, nur noch wenige Halligleute sprechen es fließend. Das Nordfriesische allgemein wird im Endangered Languages in Europe Report als »seriously endangered« (ernsthaft gefährdet) eingestuft.

Die Halligen auf Friesisch: Uallöön – Oland; de Nees – Langeness; de Grööe – Gröde; de Huuge – Hooge; Haabel – Habel; Hamborjer Hali – Hamburger Hallig; Lätj Möör – Nordstrandischmoor; Noorderuug – Norderoog; Saruug – Süderoog. Nur Südfall hat keinen friesischen Namen.

» *Da waos to ju tid, as di Kaiser Augustus to seeden hee. Hi befiald, dat aale mänskene teeld warde sköön; an arken sköö1 dirhane gonge, wir hii to wraol kumen wos.« (Hans von Holdt: Kristeene, Hallig Hooge, 1976)*

» *Es war zu der Zeit, als Kaiser Augustus zu bestimmen (sagen) hatte. Er befahl, dass alle Menschen gezählt werden sollten; und jeder sollte dorthin gehen, wo er zur Welt gekommen war.« (Hans von Holdt: Weihnachtsabend, Hallig Hooge, 1976)*

Tipp:* *Im Vorraum der Kirche auf Hallig Langeness ist in die Wand ein Grabstein mit einer friesischen Inschrift eingelassen.

HALLIGTRACHT

Die Trachten der Halligfrauen unterschieden sich lange von denen auf den Inseln und auf dem Festland. Es gab nicht eine spezielleTracht für den jeweiligen Anlass, wie auf den Inseln, sondern eine Festtagstracht. Die aber bestand bereits seit dem Mittelalter und wurde um die Mitte des 19. Jahrhunderts das Vorbild der heutigen Friesentracht.

Die vielfältigen Trachten waren den Mädchen und Frauen vorbehalten. Die Festtagskleidung der Männer war allgemeiner, nicht speziell nordfriesisch, hauptsächlich von Holland beeinflusst.

» *Lorenz Lorenzen von Nordmarsch schrieb um 1750: »bestanden die alltäglichen Seekleider der Männer aus weiten Pluderhosen von Segeltuch, einem brauen, kurzen Kollert, einem hohen holländischen Hut mit zwey Finger breitem Rand und einem Paar weiten Stiefeln. Feiertags wurden kleine Cantorröcke und Kleider aus bunten holländischen Laken getragen«. (Lorenz Lorenzen: Genaue Beschreibung der wunderbaren Insel Nordmarsch, 1749)*

links: Frau in traditioneller Halligtracht um 1930. rechts: Die Schüler errichten den Pidder auf dem Biikehaufen, Hooge.

Die Halligfrauen trugen eine »von Alters her gebräuchliche Tracht, die so artig nach dem Leibe geschnitten, dass wenig überflüssiges daran zu finden war.« Die Kopfbedeckung der Mädchen war eine seidene Mütze, mit einem zwei Finger breiten Rand gesäumt und mit einem Schleifenband unter dem Kinn gehalten. Verheiratete Frauen trugen unter dieser Mütze eine weiße Haube und darüber ein Schwarzes Samttuch, Stikkels genannt.
Das Kleid war ein langes Futterhemd, die Ärmel lang bis zum Handgelenk, und vorn offen. Über der Brust trug man einen zierlichen Latz. Vor der Brust wurde eine lange silberne Kette mit Medaillen und Silberschmuck hin- und her gespannt. Ein blauer Überrock mit blauer Schürze vervollständigte die Tracht.
Um die Mitte des 19. Jahrhunderts begann sich von Föhr eine neue Tracht auszubreiten, die alle vorherigen nach und nach ablöste.
Heute besteht auch die Halligtracht aus einem Oberteil und einem langen schwarzen Rock, dazu eine weiße Schürze. Dazu trägt man ein Schultertuch mit Fransen und ein turbanartiges Kopftuch. Wichtiger Bestandteil sind die Filigranknöpfe aus Silber, der medaillonartige Schürzenhaken und vor allen Dingen die Brustkette aus mehreren Ketten. An die Ketten wurden Medaillen und Münzen gehängt.
Auch diese Tracht drohte zu verschwinden, doch in letzter Zeit besinnen sich gerade

junge Frauen von den Halligen wieder auf ihre Traditionen.

Tipp: ***Im Kapitän-Tadsen-Museum auf Langeness ist eine Tracht ausgestellt, im Königspesel kann man alten Silberschmuck bewundern. Beim Hooger Trachtensommer können Sie die Trachten von Halligen und Inseln in Bewegung bewundern.***

BIIKEBRENNEN

Das Biikebrennen (friesisch biike – Feuerzeichen) wird traditionell am 21. Februar gefeiert. Es ist der Vorabend des kirchlichen Festtages Petri Stuhlfeier in Antiochien, kurz: Petri Stuhltag.
Schon Wochen vorher werden auf Inseln und Halligen die Biikehaufen aufgeschichtet. Baumschnitt, Weihnachtsbäume, Strand-

Biikefeuer auf den Halligen.

gut werden zu hohe Haufen geschichtet, und ganz oben thront eine Puppe, der Pidder (Petrus), oder eine Teertonne.

In vorchristlicher Zeit war das Feuer zu dieser Jahreszeit wohl ein Opferfeuer für Wotan und sollte den Winter vertreiben. Wie viele andere ursprünglich heidnische Bräuche hat die katholische Kirche sich bemüht, auch diesen zu christianisieren.

Später diente die Biike zur Verabschiedung der Walfänger. Der Beginn der jährlichen Walfangsaison am Petritag ging auf einem Beschluss der Hansestädte aus dem Jahr 1403 zurück, dass zwischen Martini, dem 11. November, und Petri Stuhlfeier die Schifffahrt ruhen solle. Der Petritag am 22. Februar bedeutete für die mittelalterliche Schifffahrt somit das Ende der Winterpause. Biike und Petritag (fries.: piddersdai/piadersdai) sind bis heute wichtige Feiertage auf den nordfriesischen Inseln und den Halligen. Auch auf den dänischen Wattenmeerinseln wird das Biikebrennen begangen, hier heißt es Pers awten oder Pers aften (Peters Abend).

Nachdem das Biikebrennen im Laufe des 19. Jahrhunderts ein wenig in Vergessenheit geraten war, wurde es in der Zeit seit dem Zweiten Weltkrieg im Rahmen der Brauchtumspflege wieder mehr und mehr begangen.

Es ist auf den Halligen noch Brauch, dass die Schulkinder den Pidder bauen und auf dem Biikehaufen aufrichten. Fällt der Pidder im Feuer herunter, heißt es, ist der Winter vorbei. Es existiert auch die Ansicht, der Pidder symbolisiere den Papst und damit die Ablehnung Roms.

Rund um das Biikefeuer werden je nach Hallig Lieder gesungen, man bemalt sich auf Hallig Hooge mit Holzkohle und genießt natürlich geistige Getränke. Nach dem Feuer geht es traditionell zum Grünkohlessen mit Schweinebacke, Kasseler, Kochwurst, Bratkartoffeln und süßen Kartoffeln.

Mittlerweile ist Biikebrennen eine kleine touristische Zwischensaison im Winter geworden und hat sich ganz gegen die Tradition auch dort im schleswig-holsteinischen Binnenland verbreitet, wo niemals Friesen gesiedelt haben.

RUMMELPOTTLAUFEN

Am Silvesterabend ist es auf den Halligen Tradition, dass Kinder und Jugendliche nach Einbruch der Dunkelheit teilweise verkleidet von Haus zu Haus ziehen. Es werden mehr oder minder sinnreiche Sprüche aufgesagt und ein gesegnetes Neues Jahr gewünscht. Früher war man mit lauten Instrumenten, den Rummelpötten, ausgestattet. Insbesondere auf Hooge hat sich der Brauch des Rummelpottlaufens auch auf die Erwachsenen ausgedehnt, die nach ihrem Vortrag Hochprozentiges serviert bekommen.

» *Rummel, rummel, ruttje,*
giff mi noch een Futtje.
Giff mi een, blev ik stohn,
giffs mi twee, will ik gohn.
Giffs mi dree, wünsch ik
Glück, dat de Husfru mit de
Futtjes ut de Schosteen flüch.
Dat ole Johr, dat nie Johr,
sind de Futtjes noch nicht gor,
pros Niejohr, schiet op ole johr.

Wenn es im Winter draußen kalt ist auf den Halligen, ist die Zeit der Geselligkeit und der Feste.

08

AUF DEM WEG IN DIE MODERNE

Die Halligwelt hat erst verhältnismäßig spät Anschluss an die Moderne gefunden. Und wieder war eine Sturmflut Mitauslöser. Die Modernisierungen durch die Halligprogramme der fünfziger und sechziger Jahre des letzten Jahrhunderts mit einer Beschleunigung nach der Sturmflut von 1962, die als Hamburgflut traurige Berühmtheit erlangte, haben das Aussehen der Halligen nachhaltig verändert.

DIE STURMFLUT VON 1962

Der Sturm blies schon seit Tagen mit neun bis zehn, in Böen zwölf Windstärken In der Nacht vom 16. auf den 17. Februar wurde die Sturmtide noch von einer Fernwelle aus dem Atlantik verstärkt. Es kam zu bisher nie dagewesenen Scheitelwasserständen von mehr als 5,5 Meter über Normal-Null. Deiche brachen an vielen Stellen, tausende Hektar des Hamburger Stadtgebietes wurden überflutet. Auf den Halligen richtete die Orkanflut schwere Schäden an. Die meisten Halligbewohner überlebten die Flut auf den Dachböden ihrer Häuser.
In der Hooger Schulchronik hielt der Lehrer seinen Kampf gegen die Flut fest:

» *… Um 21.45 ist der Garten vor der Schule schon voller Seewasser. Ziemlich starke Wellen schlagen nun gegen die Warft. Der Gischt wird vom Sturm weggeblasen. Um unseren Brunnen […] gurgelt Seewasser. Wir pumpen in der Küche sämtliche Behälter, die wir besitzen, […] mit Wasser voll. Trinkwasser wird bald knapp sein. Um 21.45 Uhr wird im Norddeutschen Rundfunk eine Wasserhöhe von zweieinhalb bis drei Metern über Mittlerem Hochwasser vorausgesagt. Doch bis zur Hochflut sind noch zwei Stunden Zeit. […] Es ist ungefähr 22.00 Uhr. Als ich nach einem Gang in die Küche wieder zur Schultür im Westen komme, ist die eine Hälfte der Tür verschwunden. Auch die Ölfässer sind nicht mehr da. Ich befürchte nun das Schlimmste, zumal wir die anderen Bewohner der Warft nun auch nicht mehr telefonisch erreichen können. In dem ohrenbetäubenden Lärm, den Orkan und See hervorrufen, verrammele ich die Zwischentür zum Westen mit schweren Planken. Das Wasser dringt nun durch die offene zerschlagene Schultür in den westlichen Teil des Schulgebäudes.*

oben: Auch auf den Halligen wird immer weiter modernisiert. unten: Flutmarke an der Langenesser Kirche.

Durch die feste Haustür im Westen, die wir dicht verschlossen haben, dringt in scharfen Strahlen Wasser, wenn die Wellen heranrauschen. […] Vor dem Küchenfenster steigt das Wasser bis zur Fensterhöhe und dringt durch die Fensterritzen. […] Das Wasser steigt und steigt. Ich bemerke, dass in der Nordwestecke des Hauses ein Loch entstanden ist, durch das Wasser hereinströmt, doch ich kann nichts dagegen unternehmen. Es ist 23 Uhr. Das Wasser hat seinen Höchststand nach dem Flutkalender eigentlich noch nicht erreicht. Doch wir bemerken, dass es nicht mehr steigt. Wir schöpfen weiterhin eindringendes Wasser in Eimer.
Gegen zwei Uhr kann ich die Haustür wieder öffnen und nach draußen schauen: ein schreckliches Bild! Alles ist verwüstet. […]«

Auf der Neu-Peterswarft auf Hallig Langeness konnte sich die junge Familie Petersen nur mit Mühe und Not retten. Die Flut hatte die Wände des Halligbauses zerschlagen, ohne Wände hielt auch die Decke nicht lange. So fiel der Boden als Zuflucht aus. Die Familie musste in der Dunkelheit durch das Wasser, das bedrohlich hoch über die Warft kam, über den Hof zum Heudiemen flüchten. Anderthalb Stunden musste die junge Familie auf dem Heudiemen ausharren, bis sie wieder zurück in ihr zerschlagenes Haus konnten. Aber sie haben überlebt. Die Sturmflut vom 16. auf den 17. Februar 1962 hinterließ auf den Halligen 150 zerstörte Häuser, aber zum Glück kam niemand zu Tode. Nach Ablaufen der Flut bestand akuter Wassermangel, alle Fethinge waren versalzen. In den Ställen brüllte das Vieh vor Durst.
Als der Bundespräsident auf Hallig Hooge landete, um sich ein Bild von der Lage zu machen, überbrachte er das Mitgefühl der ganzen Nation. Doch der damalige Deichgraf entgegnete: »Wir brauchen kein Mitgefühl, wir brauchen Wasser!«
Die Bundeswehr flog mit Hubschraubern Brot und Wasser. Schiffe brachten Frischwasser zu den Halligen, Feuerwehren halfen beim Auspumpen der Fethinge. Wolldecken, Schokolade und Kleidung wurden gespendet. Jede Familie erhielt zur Linderung der ersten Not 250,- DM. Man machte sich ans Aufräumen.

oben: Verwüstungen nach der Flut 1962. unten: Der Orkan im Februar 1962 auf der Wetterkarte des Deutschen Wetterdienstes. rechts: Modernes Halligbaus auf Oland.

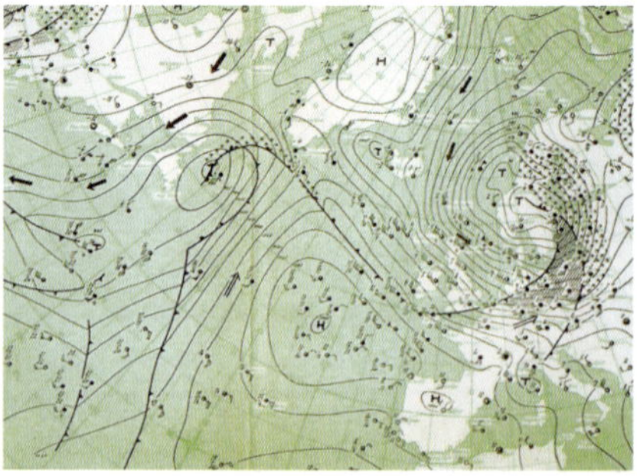

Tipp: *Die Flut von 1962 hat das Aussehen der Halligen nachhaltig verändert. Vergleichen Sie einmal die Größe der alten Halligäuser mit den nach der Sturmflut gebauten. Auf Hallig Langeness wurde die Neu-Peterswarft nach der Sturmflut 1962 nie wieder besiedelt und ist heute ein Beispiel für die niedrigeren Warfthöhen vor der Flut. An vielen Halligkirchen wurden kleine Tafeln befestigt, wie hoch das Wasser damals stand.*

DIE NEUEN HÄUSER

Das Programm Nord der 1950er bis 1960er Jahre brachte den Halligen Strom, fließendes Wasser und neue Häuser. Als die Halligäuser nach der Sturmflut von 1962 mit Schutzräumen versehen werden sollten, stellte man fest, dass die Häuser zum größten Teil baufällig waren. Fast 80 Prozent waren älter als 100 Jahre, knapp 30 Prozent sogar älter als 200 Jahre, und ungefähr 70 Prozent der Häuser waren nach Einschätzung mancher Experten nur noch als abbruchreif zu bezeichnen.

So wurden die Halligen im Rahmen des Programm Nord saniert, die Häuser wurden neu gebaut oder mindestens von Grund auf saniert und erhielten Schutzräume auf Ständern, die tief in den Warftboden reichen. Die Warften wurden erhöht. Die neuen Häuser sind zweckmäßig, modern, wenig von Tradition geprägt.

Die Bauern erhielten ab 1962 Jahren staatliche Mittel, günstige Kredite für moderne Scheunen und Ställe. Doch begann jetzt auch der Fremdenverkehr eine größere Rolle zu spielen und die neuen Scheunen und Ställe wurden nach und nach zu Ferienwohnungen. Sehr viele alte Halligäuser fielen dem Halligerneuerungsprogramm in den 1960er Jahren zum Opfer. Auf Langeness wurde eines der ältesten und größten, besonders reich ausgestatteten Häuser, ein Doppelhaus auf der Bandixwarft, in zwei Etappen, 1957 und 1966/67, abgebrochen, obwohl es relativ gut erhalten war – schon im 19. Jahrhundert war das Haus wegen seiner kostbaren Ausstattung gerühmt worden. Es gab einige Proteste gegen den Abbruch. Ein großer Teil der wertvollen Ausstattung ging verloren. Georg Quedens kritisiert in seinem Buch Die Hal-

oben links: Neue Häuser, Strom, Heizung – moderner Komfort hielt nach 1962 auf den Halligen langsam Einzug. oben rechts: Bis heute wird auf den Halligen umgebaut und modernisiert. rechts: Die Fähre legt auf Langeness an.

ligen den »bemerkenswerten Mangel an Geschmack«, mit dem die Modernisierung durchgeführt worden sei, und der romantisch veranlagte Feriengast mag versucht sein, ihm da zuzustimmen. Aber auch dieser Feriengast möchte nicht auf modernen Komfort verzichten. Und Halligleute mögen nicht unbedingt in einem Museum leben.

Die alten Reetdächer wurden meist durch moderne Dächer abgelöst, und dabei dachte man in erster Linie praktisch. Die alten Reetdächer mussten sich erst teilweise vollsaugen, bevor sie Wasser für den Gebrauch abgaben. Das Wasser war braun und schmutzig. Sinkstoffe mussten sich erst langsam absetzen, bevor das Wasser genutzt werden konnte. Die neuen Dächer gaben das Wasser gleich verhältnismäßig sauber ab. In den Zeiten vor der Wasserleitung war das ein nicht zu verachtender Vorteil. Die neuen Häuser erhielten neue Fenster, zum ersten Mal gab es Bäder, zunächst noch ohne fließendes Wasser. Die neuen Toiletten wurden mit Salzwasser gespült, vorher gab es nur das alte Plumpsklo im Stall. Manche neuen Häuser erhielten zunächst auch noch große Zisternen im Keller, die sich wenige Jahre später bereits als überflüssig herausstellen sollten.

1954 endete auf Langeness die Zeit von Glühstrumpf und Gaslampe. Die Hallig erhielt wie auch Oland eine Stromleitung von Dagebüll. Hooge erhielt fünf Jahre später Strom, die Schleswag verlegte ein 20.000-Volt-Kabel von Pellworm durchs Watt, die Hooger konnten ihr Lichtfest feiern. 1963 gab es eine Wasserleitung für Oland und Langeness, 1968 für Hooge. Nordstrandischmoor und Gröde mussten noch beinahe zehn Jahre warten. Doch 1975/76 war auch auf diesen Halligen die Zeit von Fething und Sodbrunnen vorbei.

Die Sturmflut vom 3. Februar 1976 richtete erneut schwere Schäden an, die neuen Häuser aber hielten dem Wasser besser stand. 1977 wurde ein zweites Halligsanierungsprogramm ins Leben gerufen. Jetzt wurden Fenster und Türen der Häuser mit Luken aus seefest verleimtem Holz versehen.

Die Modernisierungen veränderten den Charakter der Halligen. In der Blütezeit der Halligen, im 17. und 18. Jahrhundert, beherbergten die Warften kleine Dörfer. Heute gibt es nur noch wenige Warften, deren Bebauung an diese Zeit erinnert: Die Warft von Hallig Oland, Ketelswarft auf Langeness, Backenswarft und Hanswarft auf Hallig Hooge. Die früher allgegenwärtigen Reetdächer sind wegen der hohen Kosten bis auf Ausnahmen verschwunden. In alter Zeit befuhren die Halligbewohner mit flachgehenden Booten die Priele, heute sind Straßen vorhanden und selbstverständlich fahren auch die Menschen auf der Hallig Auto. Auch die Windmühlen, die ehemals jede Hallig zierten und zur Versorgung mit Mehl aus zugekauftem Getreide unabdingbar waren, sind heute verschwunden.

Tipp: Vergleichen Sie einmal das Aussehen der Halligen von heute mit dem auf alten Postkarten. Sie werden bemerken, dass die neueren Häuser deutlich größer sind als die alten Hallighäuser. Auch die seit vielen Jahrhunderten nahezu unveränderte Raumaufteilung konnte jetzt verlassen werden, so dass Halligwohnungen mehr den Wohnungen am Festland ähneln. Auch das Warftniveau ist im Vergleich zu früher deutlich höher geworden. Dazu kam später noch ein Ringdeich.

VERKEHR

Bis in die zweite Hälfte des 20. Jahrhunderts hielten kleine Segel- und Motorboote den Verkehr zwischen den Halligen und kleinen Festlandshäfen aufrecht. Die meisten Sielhäfen an der Küste waren winzig und bestanden aus kaum mehr als dem Siel und einem Wirtshaus. Hooge hatte seine reguläre Verbindung zum Festland bis in die 1950er Jahre über Pellworm, wo der Straßenname »Hooger Fähre« immer noch darauf hinweist. Zusätzlich existierte damals eine mehr oder minder regelmäßige

oben: Die Halligstraßen sind schmal. So benötigt man Ausweichplätze, an denen man dem Gegenverkehr begegnen kann. Mitte Lore im Winter auf dem Damm zwischen Langeness und Oland. unten: MS Hilligenlei I ist der Hauptversorger der großen Halligen.

Verbindung mit kleineren Booten über den alten Sielhafen Bongsiel, über den zunehmend auch Tagesgäste vom Festland zu den Halligen gelangten. Auch von den großen Bädern auf Amrum und Föhr, Wittdün und Wyk, kamen bereits früh Dampfer mit Tagesgästen zu den Halligen.

Ab 1951 gab es eine regelmäßige Verbindung Festland–Langeness–Hooge durch die Reederei Jacobs von Langeness. Die Reederei Jacobs richtete den regulären Liniendienst über Bongsiel ein. Ab 1960, nach der Errichtung des Hauke-Haien-Kooges 1959 lief der Liniendienst über den neuen Hafen Schlüttsiel. 1960 erwarb man die Fähre Amrum und wurde zur Amrumer Schifffahrtsgesellschaft (ASAG), 1971 fusionierten ASAG und die Wyker Dampfschiffsreederei, WDR, die schon seit Ende des 19. Jahrhunderts die Inseln versorgt. Die WDR versorgt die Halligen Hooge und Langeness bis heute im Liniendienst, sommers meist zweimal täglich, winters in der Regel fünfmal wöchentlich. Bis heute ist der Verkehr zu den Halligen aber besonders im Winter bisweilen erheblichen wetterbedingten Einschränkungen unterworfen.

Seefahrt im Wattenmeer ist nicht einfach. Gezeitenströmungen bedingen, dass Fahrwasser sich häufig ändern. Manche Fahrwasser sind so schmal, dass sie mit Pricken markiert werden müssen. Und weil sich die Fahrwasser ändern, müssen die Pricken häufig umgesteckt werden.

***Tipp:** Der alte Sielhafen Bongsiel und Thamsens Gasthaus »Dat swarte Peer« sind immer einen Besuch wert. Dort kann man in der Gaststube viele Kunstwerke mit Motiven aus der Region entdecken.*

POST

oben: Schon früh sind die Halligen pittoreskes Motiv der Nordseeurlauber. unten: Der Postschiffer Fiede Nissen lädt auf Langeness die Post aus.

Ein regulärer Postdienst entstand bereits 1864, als das Herzogtum Schleswig und mit ihm die Halligen preußisch wurden. Die preußische Verwaltung organisierte nun den Küstenschutz, das Seezeichenwesen, die Verwaltung und auch den Postdienst. Seitdem gibt es im Halligmeer reguläre Postschiffer. Früher waren es kleine Segel- und später Motorboote, die neben Waren auch die Post transportierten.

Hallig Hooge bekommt seine Post heute per Fähre. Auf der Hallig gibt es einen Postboten, der Briefe und Pakete verteilt. Hallig Langeness hat immer noch einen Postschiffer. Fiede Nissen bringt seit Jahrzehnten die Post mit dem Boot oder der Lore nach Oland und Langeness und versorgt auf dem Seeweg auch die Halligen Gröde und Habel. Auf den jeweiligen Halligen wird die Post dann weiter verteilt. Der Postschiffer bringt auch den Pastor zum Gottesdienst nach Hallig Gröde.

***Tipp:* Achten Sie einmal auf das charakteristische Boot des Postschiffers. Und es gibt noch eine Besonderheit: Auf den Halligen steht bisweilen etwas bei Leerungszeiten auf dem Briefkasten, was es am Festland so nicht gibt: Tideabhängig.**

TOURISMUS

In der zweiten Hälfte des 19. Jahrhunderts kamen die ersten Gäste auf die Halligen, zuerst oft als Tagesausflügler von den aufstrebenden Seebädern Wyk auf Föhr und Wittdün auf Amrum, aber auch vom Festland.

1871 beschrieb Theodor Storm in der Erzählung »Die Halligfahrt« voller Begeisterung einen sommerlichen Tagesausflug zur Hallig Süderoog:

» Aber es war dennoch keine Zauberinsel, sondern eine Hallig des alten Nordfrieslands, das vor einem halben Jahrtausend von der

oben: Busse bringen Tagestouristen nach Schlüttsiel. Der Tagestourismus ist nicht immer unproblematisch für die kleinen Halliggemeinden. unten: Urlauber mit dem Fahrrad im Frühjahrsdunst. rechts: Tagesausflügler zwischen Knudswarft und Kirchwarft auf Hallig Gröde.

großen Flut in diese Inselbrocken zerrissen wurde; die weißen Vögel waren Silbermöwen, welche dem Strande entlang über ihren Brutplätzen schwebten, Larus argentatus, von den Naturforschern längst registriert und in ihren Systemen untergebracht. Als wir bald darauf zu Wagen unter ihrem Ringe durchfuhren, sah ich deutlich über unsern Köpfen die funkelnden Augen und die starken, vorn gebogenen Schnäbel. Dabei erklang in kurzen Pausen ein heiseres »Gack! Gack!«, ähnlich dem unsrer Gänse, nur hastiger und wilder. Susanne drückte ängstlich den Kopf an ihre Mutter; aber unser Fuhrmann klatschte lachend mit der Peitsche, und das luftige Gesindel stob gackernd nach allen Seiten auseinander.«

Bereits Anfang des 20. Jahrhunderts war der Tagesgast eine eher gefürchtete Spezies auf den Halligen. Bereits 1924 berichtete ein Buch über die Nordmarschen von Problemen.

» Täglich überschwemmt im Hochsommer diese lärmende, geputzte Menschenmenge die einfache Hallig. Jubelnd eilen die Gelandeten über die blühenden Wiesen, raffen Hände, ja Arme voll blühender Blumen, dringen unverfroren in die Häuser, gucken in alle Ecken und Winkel, knipsen ungeniert alles, von der Großmutter bis zum Säugling, vom Pastor bis zum Hütejungen ...« (Wilhelm Lobsien nach Claudia Back: Mehr wissen über die Halligen)

Der Königspesel auf Hallig Hooge war früh eine viel besuchte Sehenswürdigkeit. Auch über Landsende nahe der Ockenswarft kamen Gäste, es etablierte sich mit Boyens Gasthaus auch Hooges erste Gastwirtschaft auf der Ockenswarft. Hilligenlei auf Hallig Langeness wurde früh zum touristischen Anlaufpunkt.
Eine der Ideen des ersten Halligschutzplanes in den 1950er und 1960er Jahren bestand darin, den Fremdenverkehr zum zweiten Standbein für die Halligbewohner zu machen. Mittlerweile ist der Fremdenverkehr von zentraler Bedeutung, die meisten Halligbewohner erzielen einen erheblichen Teil ihres Einkommens durch Vermietungen an Feriengäste.

Zwei Gruppen von Besuchern kommen auf die Halligen: zum einen die Tagesgäste, die für einige Stunden von den Inseln oder vom Festland kommen, zum anderen die Feriengäste, die länger Urlaub machen wollen.

In den 1930er Jahren kamen insgesamt knapp 8.000 Tagesgäste pro Jahr auf die Halligen, heute sind es weit mehr als 100.000 allein von Schlüttsiel. Dazu kommen noch die Schiffe von den Inseln, von Nordstrand oder Husum. Hooge hat heute mehr Fremdenverkehr pro Einwohner als Sylt. Aber auch die Übernachtungen sind zahlreicher geworden. Hatte Hooge 1938 mit ungefähr 25 Betten gut 1.000 Übernachtungen, waren es 1969 in 260 Betten schon gut 16.000; heute sind es mehr als doppelt so viele Übernachtungen pro Jahr.

Tipp: Wenn Sie Gelegenheit haben, versuchen Sie ein wenig Weite und Einsamkeit mitzunehmen. Wenn Sie einmal einen Tagesausflug auf eine Hallig gemacht haben, können Sie sagen, Sie hätten eine Hallig gesehen. Um allerdings zu spüren, was Hallig ist, um Stille zu erleben, die nur von den Rufen der Vögel unterbrochen ist, um Weite und Wind zu spüren, um den Sternenhimmel und die Dunkelheit zu erleben – dazu sollten Sie ein wenig länger bleiben.

09
DAS MODERNE HALLIGLEBEN

Das Leben auf einer Hallig ist heute wie das Leben auf einem kleinen Dorf. Nur anders. Es gibt Telefon, Fernsehen und Internet, die Halligleute fahren Auto und haben Tiefkühltruhen wie alle anderen auch. Dennoch spielt die Natur eine erheblich größere Rolle. Man kann sich nicht einfach so in sein Auto setzen und wegfahren. Erst kommt das Schiff. Oder die Lore. Und Eisgang, Sturm, Landunter können eine Hallig auch heute noch zu einem isolierten Stückchen Land mitten im Meer machen.

DAS TÄGLICHE LEBEN

Das tägliche Leben der Halligleute ist wie bei den meisten Menschen von der Arbeit bestimmt. Nachdem der Tourismus die Haupteinnahmequelle vieler Halligbewohner ist, dreht sich vieles um die Gäste. Sie wollen vom Schiff abgeholt werden oder zum Schiff gebracht werden. Die Ferienwohnung oder die Zimmer sollen gepflegt und gereinigt werden. Wie in vielen Urlaubsorten ist die Arbeitsbelastung auf den Halligen auch saisonal sehr unterschiedlich. Im Sommer, wenn viele Gäste da sind, fällt viel Arbeit an, Halligleute und zusätzliche Saisonkräfte sind von morgens bis abends beschäftigt. Im Winter, wenn weniger Gäste auf den Halligen sind, geht es ruhiger zu. Dann haben die Halligleute etwas mehr Zeit für sich, dann finden auch die meisten Vereinsaktivitäten statt.

Hooge verfügt über einen eigenen Pastor, der Pastor von Hallig Langeness versorgt noch Oland und Gröde mit. Dort gibt es

oben: Die Gäste bestimmen ein Gutteil des täglichen Arbeitslebens vieler Halligbewohner. unten: Manchmal, wenn etwas Besonderes anliegt, legt die MS HILLIGENLEI I auch einmal auf Hallig Gröde an.

oben: Heute ist der Tourismus der dominierende Wirtschaftszweig auf den meisten Halligen. unten links: Auf Hallig Hooge gibt es noch einen aktiven Boßelverein. unten Mitte: Der Hubschrauber der Rettungsflugwacht wird gerufen, wenn ein Patient schnell ins Krankenhaus muss. unten rechts: Die Freiwilligen Feuerwehren sind ein wichtiger Bestandteil der Halliggesellschaft.

dann natürlich nicht jeden Sonntag Gottesdienst, sondern in der Regel einmal im Monat. Es gibt eine Marinekameradschaft, die Freiwillige Feuerwehr, den Boßelverein und mehr. Ein reges Vereinsleben also, bei dem es die Halligleute schätzen, einmal unter sich zu sein. Man pflegt auch alte Traditionen, wie zum Beispiel die alten Trachten der Halligen. Im Sommer findet auf Hooge das große Trachtenfest statt. Auch für die Gäste natürlich, aber die alte Tracht ist auch ein Stück Identität.

Wer ans Festland muss, nimmt die Fähre. Das ist so normal wie für Festlandmenschen der Bus. Nur oft nicht so regelmäßig. Ist der Wasserstand zum Beispiel bei Ostwind niedrig, kann sich eine Fährfahrt erheblich verzögern und alle nachfolgenden Termine schwierig machen. Oländer, mancher Langenesser und die Einwohner von Nordstrandischmoor nehmen auch die Lore ans Festland, wo sie ein Auto stehen haben.

Alles, was der Mensch auf einer Hallig benötigt, muss heute per Schiff herangeschafft werden. Die Notwendigkeit, alles per Schiff heranzuschaffen, schlägt sich auf die Preise nieder. Handwerker bestellt man nur bei wirklich komplizierten Reparaturen und macht ansonsten so viel wie möglich selbst. Wer an-, um- oder gar neu bauen möchte, kann einen erheblichen Preisaufschlag ein-

kalkulieren, weil jeder Stein, jeder Ziegel und jeder Eimer Farbe vom Festland herübergeschafft werden muss. Auch die Kaufleute müssen die zusätzlichen Frachtkosten in ihre Preise einkalkulieren.

Die Gröder können nur dann ans Festland und am selben Tag wieder nach Hause, wenn die Tide so liegt, dass morgens und abends Hochwasser ist. Was nur alle 14 Tage vorkommt. Sonst ist immer eine Übernachtung am Festland notwendig.

Auf der Hallig muss man insbesondere im Winter Vorratswirtschaft betreiben. Wenn Eisgang ist, Landunter, oder wenn aus anderen Gründen kein Schiff fährt, ist es ratsam, eine gefüllte Tiefkühltruhe und Vorratskammer zu besitzen. Denn ohne Schiff werden natürlich auch bei den Kaufleuten irgendwann die Waren knapp. Die Einwohner von Hallig Gröde, die im Winter sowieso nur sehr unregelmäßig über See versorgt werden, haben in der Regel Vorrat für drei Monate. Auf den großen Halligen ist das nicht so notwendig, aber für einige Wochen sollte man schon bevorratet sein.

Auch die Entsorgung von Müll, Schrott, Abwasser muss anders organisiert werden als auf dem Festland, wo mehrfach in der Woche die Wagen der Müllabfuhr kommen. Und eine Kläranlage zu betreiben, wo mehrfach im Jahr Landunter herrscht, ist eine echte Herausforderung.

Tipp: *Planen Sie bei An- und Abreise etwas Zeit ein. Die Natur funkt bisweilen erheblich in menschliche Planungen. Das gilt besonders, wenn Sie die Halligen im Winter besuchen möchten. Und speziell für Hallig Gröde.*

Der Rettungskreuzer der Deutschen Gesellschaft zur Rettung Schiffbrüchiger ist auch für die Halligen eine wichtige Hilfe.

GESUNDHEIT UND KRANKHEIT

Auch die Krankenversorgung unterscheidet sich gravierend von der auf dem Festland: Es gibt keinen Arzt. Das nächste Krankenhaus ist zwischen 15 und 30 Kilometer Luftlinie entfernt. Eine Apotheke oder ein Zahnarzt sind ebenfalls nicht vorhanden.

Auf Hallig Hooge und Hallig Langeness tut jeweils ein Krankenpfleger in einer kleinen Sanitätsstation seinen Dienst, der zugleich Krankenpflege, Rettungsdienst und andere Notfallhilfe gewährleistet.

Die Patientenversorgung muss der besonderen Lage und der speziellen Verkehrssituation Rechnung tragen. Patienten auf den Halligen mit akuten, aber nicht bedrohlichen Erkrankungen können nicht »mal eben schnell« zum Arzt. Oft wird dann auf den großen Halligen der Halligkrankenpfleger zum ersten Ansprechpartner, der dann verantwortungsvoll entscheiden soll, ob die aufwändige Reise zum Arzt ans Festland notwendig ist.

Der Halligkrankenpfleger kümmert sich um die Erstversorgung. Bei schwereren Erkrankungen geht es gleich aufs Festland. Ebenso, wenn man zum Zahnarzt muss. Oder wenn Nachwuchs unterwegs ist. Patienten, die stationär betreut werden müssen oder weitergehender Diagnostik und Behandlung bedürfen, müssen aufs Festland. Dies geschieht mit dem regulären Schiff, mit der Lore oder im Bedarfsfall mit dem Hubschrauber oder dem Rettungskreuzer der DGzRS. Die Entscheidung im Einzelfall obliegt dem Halligkrankenpfleger. Die Notfallversorgung seitens des landgestützten Rettungsdienstes ist stark wetterabhängig und kann insbesondere in der Nacht erhebliche Zeit in Anspruch nehmen.

oben: Die Halligschule auf Langeness. Mitte: In der Halligschule lernen die Kinder in der Regel bis zur 9. Klasse. unten: Fußball gibt es überall.

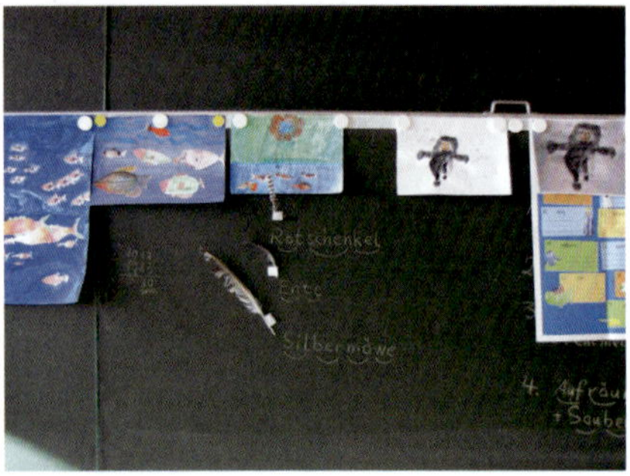

Tipp: ***Wenn Sie regelmäßig Medikamente nehmen müssen, achten Sie darauf, für Ihren Halligaufenthalt gut ausgestattet zu sein. Auf der Hallig Nachschub zu bekommen, ist immer mindestens mit Verzögerungen verbunden.***
Generell gilt: Ein Aufenthalt auf einer Hallig ist für schwerkranke Menschen nicht ohne Risiko.

SCHULE

Auf den Halligen Hooge, Langeness, Oland und Nordstrandischmoor gibt es Zwergschulen, die bis Klasse neun alle notwendigen Fächer anbieten. Die Schule auf Hallig Gröde ist mangels Kindern derzeit stillgelegt, auf Oland geht jetzt nur noch ein Mädchen zur Schule, ab Sommer 2013 wird auch diese kleine Schule zunächst ruhen. Die Schulen auf den Halligen Hooge und Langeness haben zwar mehr Schüler, auf Hallig Langeness gibt es zurzeit sogar zwei Lehrkräfte. Aber auch sie sind deutlicher Ausdruck des demographischen Wandels. Es gibt immer weniger Kinder auf den Halligen. Die Betreuung ist natürlich erheblich individueller als in der großen Schule am Festland, es gibt aber bisweilen auch Bedenken von besorgten Eltern, die befürchten, ihre Kinder würden nicht so viel lernen wie die Altersgenossen auf dem Festland.

Wer nach dem Hauptschulabschluss weiter zur Schule gehen möchte, muss aufs Festland, denn trotz regelmäßiger Fährverbindung mit den Schiffen der WDR ist tägliches Pendeln nicht möglich. Manche gehen ins Internat ins dänische Tinglev. So müssen die jungen Leute mindestens für eine Zeit ihre Hallig verlassen.

ARBEITSWELTEN

Arbeit auf den Halligen zu finden, ist eines der Probleme heutiger Zeiten. Viele Halligleute haben mehrere Jobs, sind zum Beispiel bei der Gemeinde beschäftigt, vermieten Ferienwohnungen und haben Pensionsvieh. Viele, wenn nicht die meisten Halligleute leben inzwischen mindestens mittelbar vom Tourismus, sei es, dass sie Ferienwohnungen anbieten, in der Gastronomie tätig sind oder ein Museum betreuen. Oder sie machen Führungen. Ein wichtiger Arbeitgeber ist auf den Halligen der öffentliche Dienst. Die Gemeindearbeiter kümmern sich um nahezu alles, von den Bänken über die Schilder bis zu den Wegen. Und der Gast soll im Touristikbüro kompetente Ansprechpartner vorfinden.

Bis in die 1960er Jahre lebten die meisten Halligleute noch von der Landwirtschaft. Heute gibt es wenige Landwirte und nur noch einen Fischer. Es wird ausschließlich Weidewirtschaft betrieben, Ackerbau ist auf einer Hallig nicht möglich. Sommers kann man hie und da Kästen mit Bienen sehen, weil sich die Hallig gut zur Reinzucht von Bienenvölkern eignet. Das Vieh,

oben: Schafhaltung ist auf den Halligen traditionell, aber von Hallig zu Hallig unterschiedlich ausgeprägt. Mitte: Die Rinder verlassen im Herbst die Halligen in Richtung Festland. unten: Die Landwirtschaft ist zwar nicht mehr der Haupterwerb auf den Halligen, aber weiterhin prägend.

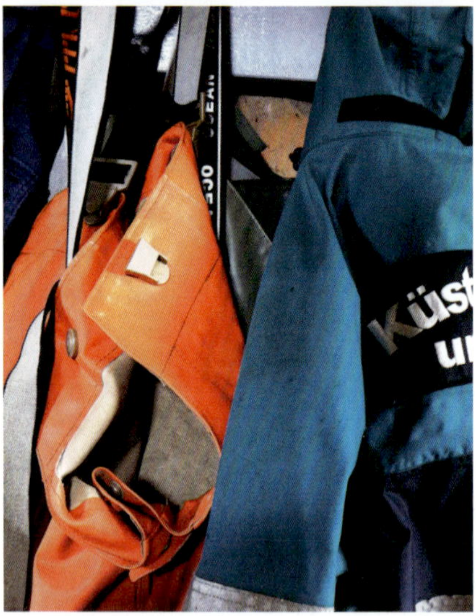

oben: Der einzige verbliebene Berufsfischer hat seinen Heimathafen auf Hooge. unten: Der Landesbetrieb Küstenschutz, Nationalpark und Meeresschutz ist ein wichtiger Arbeitgeber auf den Halligen.

das man auf den Fennen stehen sieht, ist heute oft sogenanntes Pensionsvieh, das Landwirten auf dem Festland gehört und im Sommer auf der Hallig weidet. Es gibt allerdings auch das umgekehrte Modell: Der Halligbauer hat eigenes Vieh, das den Winter auf dem Festland verbringt. Die Tiere kommen in der Regel im April und verlassen die Hallig Anfang Oktober.

Das Landesamt für Küstenschutz, Nationalpark und Meereschutz ist ein wichtiger Arbeitgeber auf jeder Hallig. Oft arbeiten die Männer im Küstenschutz, die Frauen vermieten und betreuen die Ferienwohnungen. Der Deich, das Deckwerk, die Buhnen und Lahnungen wollen gepflegt und erhalten, die Siele und Gräben freigehalten werden. Die Küstenschützer arbeiten unmittelbar am Erhalt ihrer Heimat. Auf Gröde ist der Küstenschutz der einzige Arbeitgeber, dort arbeiten alle Männer der Hallig bei der Behörde.

Im Naturschutz sind auch einige Halligbewohner beschäftigt, sei es über die Schutzstation, sei es über das Nationalparkamt. Auf den großen Halligen gibt es zwei Pastoren, einige Lehrer, zwei Krankenpfleger – die aber allesamt zugezogen sind und in der Regel auch nur für die Dauer ihres Dienstverhältnisses auf der Hallig bleiben.

LANDUNTER

Und dann gilt es noch, etwas zu erwähnen, das es so nur auf Halligen gibt: Landunter. Landunter ist ein Ereignis, das auf einer Hallig regelmäßig mehrmals im Jahr eintritt. Wenn der Wind eine bestimmte Stärke überschreitet und das Hochwasser höher als normal gemeldet wird, kann es vorkommen, dass das Meer die Hallig unter Wasser setzt. Dann »fällt die Hallig blank«, die Warften sind kleine Inseln in der See. Seit dem Bau der Sommerdeiche gibt es seltener Landunter als in früheren Zeiten. Hooge meldet im Schnitt drei Mal im Jahr Landunter, es können aber auch einmal mehr als zehn solche Ausnahmezustände sein. Die anderen Halligen, besonders Gröde, melden wesentlich häufiger Landunter. Wenn Landunter droht, muss alles, was auf der Hallig unbefestigt herum steht, auf die Warft. Auch die eigenen Tiere werden dann in den Stall oder auf die Warft geholt. Sind noch Pensionstiere auf der Hallig, werden auch sie auf der Warft eingepfercht, bis das Wasser wieder weg ist. Wenn die Hallig nicht gerade im Verlauf einer schweren Sturmflut überschwemmt wird, in der die Halligleute um Besitz, Leib und Leben fürchten müssen wie 1962 oder 1976, ist ein normales Landunter eher ein Anlass, sich etwas zu entspannen von der vielen Arbeit. Hinterher jedoch müssen oft Zäune repariert werden, Wege gereinigt, Treibsel beseitigt und anderer angeschwemmter Müll entsorgt werden.

Tipp: ***Landunter gibt es naturgemäß eher im Winterhalbjahr.***

ZUKUNFT DER HALLIGEN

Zwei zentrale Themen bestimmen die Zukunft der Halligen und ihre Gestaltungsmöglichkeiten: der Klimawandel mit dem prognostizierten Meeresspiegelanstieg und der demografische Wandel mit seinen Auswirkungen auf die Bevölkerungsstruktur der kleinen Halliggemeinden.

oben: Wellenschlag und Strömung laufen über die Hallig. Mitte: Wenn das Wasser über die Halligkante kommt, hat es erhebliche Wucht. unten: Auch das Vieh muss auf der Warft warten, bis das Wasser wieder abläuft.

Die Halligen wachsen seit eh und je durch Sedimentation langsam in die Höhe. Auch die Warften werden seit Jahrhunderten erhöht. Der Klimawandel und der damit verbundene Meeresspiegelanstieg erzwingen neue, kreative Lösungen. Lösungsideen wurden vom Schleswig-Holsteinischen Ministerium für Energiewende, Landwirtschaft, Umwelt und ländliche Räume im Ideenwettbewerb »Hallig 2050« gesucht und wohl auch gefunden. Das Gewinnerkonzept sieht eine gesteuerte Erhöhung der Sedimentation und damit des Aufwuchses der Halligen, weitere Warfterhöhungen vor allem an den bedrohten Westseiten und neu gestaltete Hallighäuser vor, die mit hydraulischen Stützen in die Höhe gehoben werden sollen, wenn es nottut. Betrachtet man die Geschichte der Halligen, bleibt abzuwarten, was von diesen Ideen realisiert wird.

Der demographische Wandel macht sich auf den Halligen bereits jetzt bemerkbar. Der Anteil älterer und hochbetagter Halligbewohner nimmt zu, die Zahl der Kinder nimmt ab. Auf Hallig Langeness gibt es zwar zurzeit so viele Kinder wie seit Jahren nicht, aber bereits auf Hallig Hooge sieht die Situation nicht so gut aus. Der hohe Anteil älterer Halligbewohner stellt neue

links: Die Klimaveränderung mit den prognostizierten steigenden Meeresspiegeln sind eine Herausforderung für die Zukunft der Halligen. oben: Der demographische Wandel hat auf den Halligen wegen der geringen Bevölkerungszahl verstärkt Auswirkungen.

Anforderungen an das Gesundheitswesen, an Infrastruktur, den Erhalt von Häusern.

Die Arbeitssituation auf den Halligen ist weiterhin schwierig. Karrierewünsche außerhalb von Landwirtschaft, Tourismus und Küstenschutz sind schwer zu verwirklichen. Und auch dort sind die Stellen begrenzt und zum Teil nur saisonal. Junge Leute wandern daher oft ab, um sich auf dem Festland eine Existenz aufzubauen. Mancher kommt nach einigen Jahren vom Festland zurück, um den elterlichen Betrieb auf der Hallig zu übernehmen, und es kommen auch neue Bürger hinzu, die dem Charme der Hallig oder eines Halligmenschen erliegen und für immer bleiben. Meistens leben auch die neuen Einwohner vom Tourismus. Es gibt zaghafte Anfänge, via Telearbeitsplatz von der Hallig für ein Unternehmen auf dem Festland zu arbeiten.

Insgesamt jedoch nimmt die Bevölkerung auf den Halligen eher ab, zumindest aber nicht zu. Das ist ein Phänomen des gesamten ländlichen Raums, auf den Halligen fällt es aber wegen der von vorn herein geringen Einwohnerzahl stärker ins Gewicht. Je kleiner die Hallig, desto mehr. Auf Hallig Gröde leben derzeit noch sieben Einwohner dauerhaft. Das macht es schon schwierig, alle anfallenden Aufgaben zu erledigen, wenn alle alles machen müssen. Manches Halligbaus zum Beispiel auf Hallig Oland ist bereits jetzt nur noch Zweitwohnsitz von Menschen, die ihren Lebensmittelpunkt auf dem Festland haben.

Aber die Halliggemeinden tun auch im Rahmen des Biosphärenreservats alles in ihren Kräften Stehende, damit junge Menschen auf der Hallig ein Auskommen finden und bleiben können und neue Einwohner zuziehen. Damit die Halligen eine Zukunft haben.

10

BIOSPHÄRE, NATIONALPARK UND WELTNATURERBE

Die Halligen bilden mit dem Wattenmeer ein UNESCO-Biosphärenreservat, liegen mitten im Nationalpark Schleswig-Holsteinisches Wattenmeer, und das Wattenmeer ist UNESCO-Weltnaturerbe. Das unterstreicht gleich mehrfach die Einzigartigkeit der Landschaft und der Kultur und Lebensweise, in der sich der Gast hier bewegt. Naturraum und Wirtschaft als Lebensgrundlage bilden ein Spannungsfeld, in dem immer wieder neu versucht werden muss, die Halligen zu erhalten und fortzuentwickeln.

oben: Das Wattenmeer ist ein erhaltenswerter Naturraum. unten: Die Salzwiese ist eine schützenswerte Halliglandschaft.

DIE HALLIGEN IM BIOSPHÄRENRESERVAT

Biosphärenreservate sind modellhafte Regionen, für die die UNESCO das Programm »Mensch und Biosphäre« ins Leben gerufen hat. Hier soll das Zusammenleben von Mensch und Natur entwickelt und erprobt werden, um Kultur- wie auch Naturlandschaft zu schützen und zu erhalten. Menschliche Nutzung und natürliche Kreisläufe sollen in ausgewogenem Verhältnis zusammenspielen. Wertvolle Ökosysteme sollen vor den Eingriffen des Menschen bewahrt werden, Kulturlandschaften erhalten bleiben.

Das Biosphärengebiet »Schleswig-Holsteinisches Wattenmeer und Halligen« ist das nördlichste der 14 deutschen Biosphärenreservate und von den Ausmaßen noch ein wenig größer als der Nationalpark Wattenmeer. 1990 erhielt das Biosphärenreservat seine Anerkennung, zuerst mit Kern- und Pufferzone, die im Nationalpark liegen, später, 2005, kamen die fünf großen Halligen Gröde, Hooge, Langeness, Nordstrandischmoor und Oland als Entwicklungszone hinzu. Freiwillig.

Die Halligleute haben sich dafür entschieden, ihren Lebensraum naturverträglich nachhaltig zu bewirtschaften. Das soll auch die wirtschaftliche Existenz dauerhaft sichern helfen und gleichzeitig die landschaftliche Schönheit der ökologisch

oben: Ein Ranger des Nationalparks beobachtet Vögel. rechts: Verein Jordsand betreut mehrere Schutzgebiete im Wattenmeer.

einzigartigen Halligwelt erhalten. Im Biosphärengebiet der Halligen soll die Zusammenarbeit der einzelnen Halliggemeinden intensiviert werden, um die wichtigen Zukunftsfragen und -probleme dieser sehr speziellen Region gemeinsam zu lösen.

NATIONALPARK SCHLESWIG HOLSTEINISCHES WATTEMEER

Der Nationalpark Schleswig-Holsteinisches Wattenmeer existiert seit 1985 und wurde 1999 noch einmal deutlich erweitert. Er reicht von der dänischen Grenze bis zur Elbmündung und umfasst das Watt um die Inseln und Halligen vor der Westküste Schleswig-Holsteins.

Es gibt zwei Schutzzonen innerhalb des Nationalparks:

Die **Schutzzone 1** umfasst ein gutes Drittel des Nationalparks – Salzwiesen, Watt, Sände. In der Regel sind dies Bereiche, die ökologisch oder der Oberflächengestalt nach besonders bedeutsam sind. Schutzzone 1 ist für die Öffentlichkeit nicht zugänglich. Ausnahmen bilden küstennahe Wattgebiete für Wattwanderer, Routen für geführte Wattwanderungen und für die Fischerei. Die **Schutzzone 2** umgibt als eine Art Puffer die Schutzzone 1; in der Schutzzone 2 ist eine nachhaltige Nutzung wie Baden, Segeln oder traditionelle Krabbenfischerei möglich.

Die einzigen Menschen, die unmittelbar im Nationalpark leben, sind die Bewohner der Halligen Südfall und Süderoog und die Vogelwarte von Norderoog und Habel.

Tipp: *Bitte achten Sie die besondere Schutzbedürftigkeit von Landschaft und sensibler Natur im Nationalpark. Führen Sie Ihren Hund an der Leine und vermeiden Sie es, ausgeschilderte Brut- und Rastgebiete der Vögel und generell die Schutzzone 1 zu betreten. Sie leisten damit einen wertvollen Beitrag zum Schutz der dort lebenden Tiere und einer Natur, die einzigartig ist. Jede Störung insbesondere der Vögel in der Brutzeit bedeutet nicht nur Stress für die Vögel, sondern auch eine erhebliche Gefahr für Gelege oder Küken, Opfer eines Räubers zu werden, wenn die schützenden Eltern auffliegen.*

DAS UNESCO-WELTNATURERBE

Seit 2009 hat das deutsche Wattenmeer zusammen mit dem niederländischen Teil des Wattenmeers den Status als UNESCO-Welterbe-Gebiet. Die Anerkennung für das dänische Wattenmeer wurde erst einige Jahre später beantragt.

Die UNESCO verleiht den Titel Welterbe – in diesem Fall Weltnaturerbe – Stätten, die von herausragender Bedeutung für die Welt sind, zum Beispiel, weil sie so einzigartig sind. Das Wattenmeer als größte zusammenhängende Fläche aus Schlickwatt und Sandwatt ist eines der weltweit größten gezeitenabhängigen Feuchtbiotope und als Rastgebiet für Zugvögel von globaler Bedeutung. Die Artenvielfalt des Wattenmeers ist enorm. Im Wattenmeer leben ungefähr 10.000 Arten, in den Salzwiesen 2300, von ganz kleinen Lebewesen, die man nur mit der Lupe erkennen kann, über Käfer und Fische bis zu den großen Kegelrobben und Schweinswalen. Es ist eine wahre Pracht!

MENSCHEN, DIE SICH DARUM KÜMMERN

Der **Verein Jordsand** (Verein Jordsand zum Schutze der Seevögel und der Natur e.V., gegründet 1907) trägt seinen Namen nach der ehemaligen Hallig Jordsand, die östlich von List auf Sylt lag. Heute ist diese Hallig nur noch eine Sandbank.

Der Verein betreut im Wattenmeer mehrere Schutzgebiete: Die Halligen Südfall, Habel und Norderoog mit Norderoogsand werden von Frühjahr bis Herbst von oft freiwilligen Vogelwarten des Vereins betreut. Auf Hallig Norderoog führt der Verein vom Sommer bis in den Herbst hinein Workcamps mit Jugendlichen durch, die am Erhalt der Hallig arbeiten.

Die **Schutzstation Wattenmeer** (Naturschutzgesellschaft Schutzstation Wattenmeer e.V., gegründet 1962) betreibt Naturschutz- und Bildungsarbeit im Schleswig-Holsteinischen Wattenmeer. Die Schutzstation führt Rastvogelzählungen, Spülsaumkartierungen und Wattkartierungen durch und bietet im Rahmen der Öffentlichkeitsarbeit Watt-, Salzwiesen- und vogelkundliche Führungen an. Die Schutzstation betreibt auf Hallig Hooge und auf Hallig Langeness, teils in Zusammenarbeit mit anderen Organisationen, Seminarhäuser. Der Verein betreut von Hooge aus den Außensand Japsand. Im Rahmen der Ringelganstage verleiht die Schutzstation alljährlich auf Hallig Hooge Personen, die sich um den Schutz der Ringelgans verdient gemacht haben, die Goldene Ringelgansfeder.

Der **NABU** (Naturschutzbund Deutschland e.V., gegründet 1899) schließlich betreut das Schutzgebiet Hamburger Hallig und betreibt auf dem dortigen Schafberg mit dem Nationalparkhaus ein Informationszentrum, das meist von Freiwilligen betreut wird.

Tipp: ***Alle diese Organisationen freuen sich über Spenden, ehrenamtliche Mitarbeit und bieten die Möglichkeit, ein Freiwilliges Ökologisches Jahr oder den Bundesfreiwilligendienst in der Naturlandschaft des Wattenmeers zu absolvieren.***

II

LANDSCHAFT UND NATUR IM WATTENMEER

Die Halligen liegen mitten im Wattenmeer. Auch wenn die See bei Ebbe weit weg zu sein scheint, ist man in einer einzigartigen Nähe zum Meer. Der Horizont ist weit, der Himmel hoch, und überall ist das Leben am Wasser gegenwärtig – über einem die Vögel, vor einem vielleicht Seehunde auf einer Sandbank, und rund herum das Watt mit seinen unzähligen Bewohnern. Das Wattenmeer ist an ökologischer Vielfalt einem Regenwald zu vergleichen, tausende kleiner Organismen leben in jedem Kubikmeter Wattboden. Hunderttausende Vögel nutzen das Wattenmeer als Rastplatz auf dem Weg zu den Brutgebieten oder brüten gleich dort. Auch die Halligen selbst mit den Prielen und Salzwiesen sind ein spannender Naturraum.

Tipp: Lassen Sie sich Zeit beim Gang über die Hallig. In der Natur von Hallig und Wattenmeer entdeckt man Vieles oft erst auf den zweiten Blick.

oben: Das Wasser läuft ab, Hallig Gröde. unten: Springtide, Hallig Langeness.

EBBE UND FLUT

Dass die Gezeiten irgendwie mit dem Mond zusammenhängen, weiß jeder. Ohne Mond keine Gezeiten. Aber wie war das noch gleich? Es ist so: Ebbe und Flut entstehen durch den Wechsel von Fliehkraft und Anziehungskraft zwischen Erde und Mond. Außerdem spielt die Erdrotation eine Rolle. Auf der Seite der Erde, die dem Mond zugewandt ist, zieht der Mond mit seiner Anziehungskraft. Also entsteht in den Ozeanen ein Flutberg. Auf der anderen Seite der Erde gibt es durch die Fliehkräfte ebenfalls einen Flutberg. Nun dreht sich die Erde. Jeder Punkt auf der Erde dreht sich zweimal am Tag in einen Flutberg und zweimal in ein Ebbetal hinein. Deswegen gibt es zweimal am Tag Hochwasser und zweimal Niedrigwasser.

Jetzt kommt noch ein weiterer, erheblich schwächerer Faktor hinzu: Die Sonne. Auch ihre Anziehungskraft wirkt auf die

Wassermassen der Ozeane. Stehen nun Sonne und Mond in einer Achse, entstehen zweierlei Effekte: Bei Neumond befinden sich Sonne und Mond auf der gleich Seite der Erde, also verstärkt sich die Anziehungskraft – es läuft eine höhere Flut als gewöhnlich auf, die Springtide. Bei Vollmond befinden sich Sonne und Mond auf gegenüberliegenden Seiten der Erde, also wirken ihre Anziehungskräfte gegeneinander – es kommt zu einer niedrigeren Flut als normal, zur Nipptide.

Tipp:* *Die Zeiten von Ebbe und Flut, der Tidenkalender, sind enorm wichtig für jeden, der im Watt unterwegs sein möchte. Selbst wenn Sie nur eine gefühlt kurze Strecke vor der Halligkante im Watt unterwegs sind, sollten sie die Gezeiten immer im Kopf haben. Das Wasser kommt erheblich schneller, als man es oft für möglich hält.

VOGELWELTEN

Die Halligen und das Wattenmeer sind insbesondere zur Zeit des Vogelzugs im Frühling und Herbst Rastplatz für Tausende und Abertausende Zugvögel, die auf ihrer Reise aus den Überwinterungsgebieten in die arktischen Brutgebiete das Wattenmeer und die Halligen als Zwischenstopp nutzen, um sich Reserven anzufressen. Manche Vogelart brütet auch auf den Halligen.

oben: Ringelgänse und Limikolen im Watt auf Hallig Gröde. unten: Halligen und das Wattenmeer sind wichtige Brut- und Rastplätze für viele Vogelarten.

MÖWEN

Die **Silbermöwe** ist eine recht große Möwe. Das Gefieder der Altvögel ist weiß, die Flügeloberseite hellgrau. Der gelbe Schnabel ist kräftig und hat an der Spitze einen roten Fleck. Auch die Augen sind gelb. Die Beine haben eine rosa Färbung. Die Jungvögel sind erst nach vier Jahren ganz ausgefärbt. Vorher sind sie wie alle Jungmöwen eher bräunlich.

Die **Heringsmöwe** ist so groß wie die Silbermöwe, hat aber einen dunklen Rücken wie die Mantelmöwe. Die Beine sind gelb oder orangegelb, der verhältnismäßig kleine Schnabel ist gelb mit einem roten Fleck am Unterschnabel.

Tipp:* *Es gibt dunklere Silbermöwen, die man mit ähnlich aussehenden Heringsmöwen verwechseln kann. Es hilft, auf die Beine zu achten: Bei der Silbermöwe sind sie rosa, bei der Heringsmöwe gelb.

oben: Silbermöwe. Mitte: Lachmöwe. unten: Sturmmöwe. rechts: Ein Möwenküken schlüpft.

Die **Mantelmöwe** ist eine sehr große und kräftige Möwe. Sie ist die größte Möwe Europas. Das Gefieder ist weiß, die Oberseiten der Flügel sind schwarz. Der kräftige Schnabel ist gelb, vorn hat er einen roten Punkt. Die Mantelmöwe ernährt sich von Fischen, Vögeln, Wirbellosen und Säugetieren bis zur Größe eines Kaninchens.

Die **Sturmmöwe** ist eine kleinere Möwe und hat weichere Konturen, einen runderen Kopf und einen kleineren Schnabel. Man sagt, sie sähe freundlich aus. Das Gefieder ist weiß, die Flügeloberseite grau. Die Flügelspitzen sind schwarz-weiß. Schnabel und Beine sind grün-gelb gefärbt.

Die **Lachmöwe** ist die kleinste in Mitteleuropa brütende Möwe. Im Prachtkleid ist der Kopf schokoladenbraun. Rücken, Flügeloberseiten der Arm- und Handschwingen sind hellgrau, sonst ist das Tier weiß. Im Schlichtkleid ist nur der Augen- und Ohrbereich leicht dunkel gefärbt. Schnabel und Beine sind dunkelrot.

Tipp: ***Alle fünf Möwenarten brüten auch auf den Halligen in mehr oder minder großen, teils gemischten Kolonien, die man schon von weitem hören kann. Allzu nah sollte man einer solchen Brutkolonie allerdings nicht kommen, denn manche Möwen verteidigen ihre Brut.***

SEESCHWALBEN

Die **Brandseeschwalbe** ist an der Oberseite der Flügel hellgrau, die Unterseite und der Hals sind weiß. Die obere Kopfhälfte und der Schopf im Nacken sind schwarz, der Schnabel ist schwarz mit einer gelben Spitze. Der Schwanz ist kurz und gegabelt. Männchen und Weibchen sehen etwa gleich aus.

Die bedeutendsten Brutkolonien der Brandseeschwalbe in der deutschen Bucht befinden sich auf der Insel Trischen und vor allem auf Hallig Norderoog. Im nordfriesischen Wattenmeer verbleibt die Brandseeschwalbe ungefähr von März bis September.

Das Gefieder der **Fluss-Seeschwalbe** ist weiß, der Rücken hellgrau, die Kopfplatte ist schwarz. Die Füße sind rot. Der Schnabel ist im Prachtkleid orangerot mit schwarzer Spitze. Im Schlichtleid ist die Stirn hell und der Schnabel schwarz. Sie ist Brutvogel im nordfriesischen Wattenmeer. Im Spätsommer zieht sie bereits in den Süden.

Die **Küstenseeschwalbe** ist geringfügig kleiner als die Fluss-Seeschwalbe, der sie ansonsten stark ähnelt. Ihr Lebensraum kann sich mit dem der Fluss-Seeschwalbe überschneiden. Im nordfriesischen Wattenmeer ist sie im Sommer anzutreffen. Bereits im Spätsommer macht sie sich auf den weiten Weg in ihr Winterquartier in der Antarktis. Damit ist die Küstenseeschwalbe der Zugvogel mit dem längsten Zugweg überhaupt.

Tipp: Halten sie im Sommer Ausschau in Richtung Meer. Oft kann man dann die Seeschwalben beim Stoßtauchen nach

von oben: Von oben: Brandseeschwalben, Hallig Norderoog — Rotfüßige Seeschwalbe — Küstenseeschwalbe — Seeschwalben jagen kleine Fische.

Nahrung beobachten. Die Seeschwalben brüten auch auf den Halligen. Auch bei ihnen gilt: Nähert man sich der Brutkolonie oder dem Nachwuchs, wird attackiert. Ein Hieb mit einem Seeschwalbenschnabel schmerzt ganz schön.

ENTEN

Die **Eiderente** ist eine große, kräftige Meerente. Die Eiderente kann bis zu 50 Meter tief tauchen. Der Schnabel ist sehr kräftig und verleiht der Eiderente ihr typisches Profil. Die Erpel der Eiderente unterscheiden sich deutlich von den Weibchen. Im Prachtkleid ist der Erpel an Rücken und Brust weitgehend weiß, die Brust hat eine dezente Rosafärbung. Bauch, Flanken, Bürzelmitte, Schwanz und Kopfoberseite sind schwarz. Im Prachtkleid ist der Schnabel gelbgrün, sonst blau- oder grün-grau. Im Schlichtkleid kommen im Gefieder deutliche dunkelbraune Anteile hinzu, die klare schwarz-weiß-Zeichnung geht verloren. Das Weibchen ist das ganze Jahr unauffällig gelblich-braun bis dunkelbraun. Die Eiderente kann Muscheln von einer Größe bis zu 40 Millimetern verzehren. Sie schluckt die Muscheln mit Schale und zermahlt sie anschließend in ihrem Muskelmagen. Schalentrümmer werden als Speiballen ausgeschieden.

Tipp: Die Rufe der balzenden Erpel klingen, sagt man, ein wenig wie U-HU. Und man kann sie an windstillen Tagen sehr weit hören.

von oben: Eiderentenerpel — Eiderentenweibchen beaufsichtigen den Nachwuchs gemeinsam — Pfeifenten — Brandenten.

Die **Pfeifente** etwas kleiner als die Stockente. Sie heißt so wegen ihres pfeifenden Rufs.

Das Männchen hat im Prachtkleid einen rotbraunen Kopf mit weißer bis cremefarbener Blässe an Stirn und Schnabelansatz. Der Schnabel ist graublau mit schwarzer Spitze. Die Brust ist grau-rosa, das Körpergefieder blass grau. Der Bauch ist weiß bis cremefarben. Die Flügel weisen ein weißes Flügelband auf, das sich von der Schulter bis zur Körpermitte zieht. Die Weibchen sind ganzjährig unauffällig braun gefärbt. Die Körperseiten werden zum Bauch hin heller. Die Nahrungssuche findet in Dämmerung und Dunkelheit statt. Pfeifenten fliegen gerne in Trupps recht dicht zusammen. Im nordfriesischen Wattenmeer sind sie teils Durchzügler, teils Wintergäste.

Tipp:* *Wenn Sie in Herbst oder Winter auf die Hallig reisen, lauschen Sie in der Dämmerung einmal nach den Rufen der Pfeifente.

Die **Brandente** wird heute lieber als Brandgans bezeichnet. Sie ist eine Halbgans, das heißt, sie ähnelt in ihrem Habitus Gänsen, besitzt aber auch Merkmale, die für Enten charakteristisch sind. Im Prachtkleid sind Kopf und Vorderhals des Männchens schwarz-grün schimmernd. Von den Schultern läuft ein schwarzgrünes Längsband nach hinten und von der Brust ein Band zum Bauch. Das restliche Körpergefieder ist weiß. Die Geschlechter unterscheiden sich kaum. Der deutlichste Geschlechtsunterschied ist der rote Schnabelhöcker des Männchens während der Fortpflanzungszeit. Im nordfriesischen Wattenmeer ernähren sich die Brandenten vorwiegend von Herzmuscheln, die sie bei Niedrigwasser im Schlick finden. Brandgänse brüten in Höhlen. Manchmal nutzen sie alte Fuchsbauten.

Mittelsäger: oben: Männchen. unten: Weibchen.

SÄGER

Der **Mittelsäger** ungefähr so groß wie die Stockente. Das Männchen hat im Prachtkleid einen schwarzgrünen Kopf mit auffälliger zweigeteilter, struppiger Federhaube. Der Halsring ist weiß. Die Brust ist rotbraun, der Rücken weitgehend schwarz. Im Schlichtkleid sieht das Männchen aus wie das Weibchen. Das Weibchen ist an der Oberseite aschgrau, Kopf und Hals sind rotbraun.

GÄNSE

Die **Graugans** zählt zu den häufigsten Wasservögeln Europas und sie ist die größte unter den grauen Wildgänsen. Die Graugans bewohnt dicht bewachsene Ufer großer Gewässer. Sie ist ein reiner Pflanzenfresser. Auf den Halligen sind Graugänse das ganze Jahr anzutreffen. Mittlerweile brüten sogar vereinzelt Graugänse auf den Halligen.

Die **Nonnengans** heißt auch Weißwangengans. Beide Namen erschließen sich von selbst, betrachtet man die typische schwarz-weiße Gesichtszeichnung der Gans. Das Gesicht ist weiß, Schnabel und Hals sind schwarz. Die Flügel sind schwarzweiß quergebändert, der Bauch ist silbergrau-weiß. Nonnengänse fressen bevorzugt kurzes Gras, insbesondere Andel und Queller, also Salzwiesenpflanzen. Nonnengänse sind Zugvögel. Überwiegend sind die Tiere, die man im nordfriesischen Wattenmeer beobachten kann, aber Wintergäste. Auch Nonnengänse benötigen Süßwasser. Spätestens nach dem ersten Landunter verlassen sie oft die Hallig, um ans Festland zu ziehen.

Tipp:* *Nonnengänse kann man in großen Mengen im Frühjahr auf der Hamburger Hallig beobachten.

Die **Ringelgans** ist die kleinste Meeresgans. Ringelgänse sind schwarzgrau mit graubraunem Rücken und schwarzweiß geränderten Flanken. Ober- und Unterschwanzdecke und der Bauch sind weiß. Schnabel, Beine und Flügel sind schwarz. Die Brustfärbung ist je nach Unterart heller oder dunkler grau.

Ringelgänse fressen Seegras und grasen die Fennen und Salzwiesen ab, nicht zur Freu-

von oben: Graugänse — Nonnengänse — Ringelgänse — Farbberingte Ringelgans.

de der Landwirte, die jedoch mittlerweile eine Ausgleichszahlung vom Land Schleswig-Holstein erhalten. Und die Ringelgans sorgt – nicht nur an den Ringelganstagen – für Naturtourismus.

Die meisten Ringelgänse trifft man zur Zugzeit in die Brutgebiete zwischen März und Mai und wieder im Herbst auf dem Rückweg in die Überwinterungsgebiete. Manchmal bleiben kleine Trupps oder Einzeltiere auch über den Sommer oder sogar im Winter – meistens, wenn die Kraft für den Weiterflug nicht gereicht hat oder Verletzungen vorlagen.

Tipp: ***Jedes Jahr im Frühjahr veranstalten die Halligen die Ringelganstage. In diesem Zeitraum finden viele interessante Veranstaltungen rund um die Ringelgans statt.***

LIMIKOLEN – WATVÖGEL

Der **Austernfischer** ist im Brutkleid an Oberseite, Brust und Schwanzende schwarz, der Rest weiß. Im Ruhekleid ist das Schwarz dumpfer, an den Halsseiten sieht man ein weißes Kehlband. Beine, Füße und Augen des ausgewachsenen Vogels sind rot. Die Jungvögel ähneln den Altvögeln im Ruhekleid, haben aber mattgraue Beine.

Die Rufe der Austernfischer sind sehr charakteristisch. Treffen sich Vögel an den Grenzen der Brutreviere, wird das Rufen zu schrillem Trillern. Dabei laufen die Vögel mit gesenktem Kopf schnell nebeneinander her. Diese Trillerzeremonie soll Konflikte klären. Austernfischer sind das ganze Jahr zu beobachten. Auf den Halligen sagte man früher, der Austernfischer brächte

von oben: Knutts — Austernfischer — Rotschenkel — Drei Alpenstrandläufer.

die Kinder. So kam er zu seinem Beinamen »Halligstorch«.

Tipp: ***Austernfischer richten ihre Gelege gern auf unbewachsenem Boden ein, manchmal auch mitten auf einem Weg. In der Brutzeit ist es daher ratsam, den Boden ein wenig im Auge zu haben. Fliegt ein enorm laut schreiender Austernfischer um einen herum, ist das Gelege oft nicht weit.***

Der **Alpenstrandläufer** wird so groß wie ein Star. Der Schnabel ist schwarz und leicht gebogen. Das Rückengefieder ist bräunlich. Im Schlichtkleid ist der Bauch weiß, im Brutkleid ist die Oberseite rötlich braun und der Bauch hat einen schwarzen Fleck. Auf dem Weg vom und ins Brutgebiet erscheint der Alpenstrandläufer im April-Mai und August-September mit sehr vielen Artgenossen in bisweilen riesigen Gruppen im nordfriesischen Wattenmeer.

Der **große Brachvogel** ist der größte Watvogel. Typisch ist der lange, nach unten gekrümmte Schnabel. Die Weibchen sind größer als die Männchen, und ihr Schnabel ist länger und stärker gekrümmt. Farblich sind beide Geschlechter gleich unscheinbar. Das Gefieder ist beigebraun oder graubraun, gebändert oder gestreift. Der große Brachvogel kommt im nordfriesischen Wattenmeer das ganze Jahr über vor, allerdings mit einem spätsommerlich-frühherbstlichen Maximum, wenn die Tiere aus Skandinavien und Russland dazukommen. Brachvögel haben einen charakteristischen, lauten, flötenden Ruf.

Der **Knutt** ist etwa so groß wie eine Amsel. Sein Schnabel ist verhältnismäßig kurz

von oben: Säbelschnäbler — Große Brachvögel im Flug — Steinwälzer.

und gerade, er hat für einen Strandläufer recht kurze Beine. Im Ruhekleid ist der Vogel oben aschgrau mit hellen Säumen, unten weißlich. Im Brutkleid sind beide Geschlechter oben schwarz mit rötlichen Federsäumen, Kopf und Unterseite färben sich rostrot. Der Knutt ist ein extremer Langstreckenzieher. Knutts fliegen bis zu

oben: Manche Limikolen sind gerne in großen Schwärmen unterwegs. rechts: Junge Löffler.

5.000 Kilometer nonstop. Ihr Überwinterungsgebiet liegt in Südwest-Afrika. Auf seinem Zug macht er im nordfriesischen Wattenmeer Station. Das zahlenmäßige Maximum liegt im April und Mai und im August und September.

Der **Rotschenkel** hat einen mittellangen Schnabel, der an der Basis orangerot und an der Spitze schwarz ist. Auch die langen Beine sind orangerot, daher der Name. Die Oberseite des Rotschenkels ist braun, schwarz und grau gefleckt, die Unterseite weiß-braun gemustert. Männchen und Weibchen sehen gleich aus. Im nordfriesischen Wattenmeer ist der Rotschenkel das ganze Jahr zu Hause, mit zahlenmäßigem Maximum von Juli bis September.

Tipp: Rotschenkel bauen kunstvolle Nester im Hohen Gras, manchmal direkt am Weg, aber trotzdem nahezu unsichtbar. Auf dem Salzwiesenpfad auf der Hamburger Hallig hat man manchmal Chancen, ein Rotschenkelnest am Wegesrand zu erspähen.

Der **Säbelschnäbler** ist mit seinem schwarzweißen Gefieder einer der auffallendsten Limikolen. Die streng schwarzweiße Gefiederfärbung und der nach oben gebogene, schwarze Schnabel machen Säbelschnäbler unverwechselbar. Die Mehrheit der Säbelschnäbler im nordfriesischen Wattenmeer sind Zugvögel, sie verbringen den Winter zum Beispiel an der südlichen Mittelmeerküste. Einige Säbelschnäbler brüten auch auf den Halligen.

Tipp: Säbelschnäbler verhalten sich manchmal, als wären sie verletzt, um von ihren Küken abzulenken. Dieses Verhalten nennt man »Verleiten«. Sieht man einen Säbelschnäbler mit hängendem Flügel davonlaufen, ist es gut möglich dass sein bestens getarnter Nachwuchs ganz in der Nähe sitzt.

Der **Steinwälzer** hat im Sommer kastanienbraunes Rückengefieder, die Brust ist schwarz und die Unterseite weiß. Der Steinwälzer im Prachtkleid hat eine deutlich schwarz-weiße Gesichtszeichnung. Im Schlichtkleid ist der Vogel dunkel graubraun, die Gesichtszeichnung verliert an Kontrast. Er sucht seine Nahrung aus Wirbellosen bevorzugt, indem er kleine Steine umdreht, daher sein Name.

Tipp: Limikolen beobachtet man im Watt am besten bei auflaufendem Wasser, wenn die Tiere langsam näher an die Hallig kommen. Je höher das Wasser steigt, desto mehr versammeln sich die Vögel auf Lahnungen und Buhnen. Und bei Hochwasser rasten die Vögel oft in den Fennen.

UND SONST:

Der **Löffler** ist ein recht großer, weißer Vogel, ungefähr so groß wie ein Graureiher. Er ist mit dem Ibis verwandt. Am Hinterkopf trägt der Löffler einen Schopf aus langen Federn. Ist er erregt, spreizt er diese Federn zu einer Fächerkrone. Er ernährt sich von Fischen, Fröschen und anderem kleinen Wassergetier. Im Wattenmeer seiht er mit pendelnden Kopfbewegungen das flache Wasser. Größere Brutgebiete befinden sich in Holland und auf dem Balkan. Im nordfriesischen Wattenmeer gibt es bei Hallig Oland eine Brutkolonie mit knapp 30 Tieren. Über den Winter zieht der Löffler an die südliche Mittelmeerküste.

Tipp: Nehmen Sie sich Zeit, mit dem Fernglas ein wenig auf den Fennen, im Watt oder an der Halligkante entlang zu suchen. Viele Vögel, insbesondere die Limikolen, verstehen etwas von Tarnung. Es gibt vogelkundliche Führungen auf Langeness und Hooge, durchgeführt von den jeweiligen Schutzstationen. Auch die Freiwilligen des NABU auf der Hamburger Hallig stehen

mit Rat und Tat zur Seite. Man kann nicht bei den ersten Beobachtungen alle Tiere erkennen, aber von Mal zu Mal lernt man mehr. Nur Mut!
Und bitte nehmen Sie insbesondere in der Brut- und Setzzeit Rücksicht auf die Tiere. Jede unnötige Störung jagt den Brutvogel hoch. Das bedeutet zum einen Stress für den Altvogel, zum anderen Gefahr für Gelege oder Nachwuchs durch räuberische Vögel. Bitte leinen Sie Ihren Hund grundsätzlich an – im Nationalpark, also im gesamten Wattenmeergebiet, besteht auch in touristisch genutzten Gebieten Leinenzwang.

SALZWIESE

Die Salzwiese ist ein einzigartiger Lebensraum, von dem der Mensch aus dem Binnenland kaum etwas ahnt.

oben: Queller. unten: Strandflieder, Halligflieder oder Bondestave.

Salzwiesen entstehen am natürlichen Übergang zwischen Land und Meer auf weichen Böden, die von Gezeiten geprägt sind. Sie entstehen in gemäßigten Klimazonen. In tropischen Klimazonen wachsen unter denselben Bedingungen Mangrovenwälder.
Salzwiesen entstehen nur, wenn ausreichend hoher Tidenhub für die Versor-

von oben: Strandaster — Portulak-Keilmelde — Strand-Wermut — Strand-Grasnelke.

gung mit Sedimenten sorgt. Strömung und Sturmfluten dürfen andererseits nicht so stark sein, dass die Erosion das Material gleich wieder fortschwemmt. Das Wattenmeer und die Halligen mit ihren Kanten und Prielen bieten gute Bedingungen für Salzwiesen. Salzwiesen sind faszinierende Lebensräume, die auch von Lebewesen bevölkert werden, die nur dort leben (sogenannte endemische Arten).

Die Salzwiese an der Nordseeküste ist in Zonen gegliedert:

I. Die **Quellerzone**. Sie liegt dem Wasser am nächsten, im Extremfall einen halben Meter unterhalb bis mittig der Flutlinie. Sie steht bei Hochwasser mehrere Stunden unter Wasser. Dort wachsen, locker gestreut, zwei Pflanzen: der Queller und das Salz-Schlickgras.

II. Die **Andelgraszone**: Sie liegt in der Verlandungszone oberhalb des Flutbereichs. Der Andelgrasrasen liegt etwa einen halben Meter oberhalb der Flutlinie und wird von Springtiden noch unter Wasser gesetzt. Dort wachsen Andelgras, Strandsode, Stranddreizack und Strandaster.

III. Die **Rotschwingelzone**. Sie wird nur noch selten vom Meerwasser erreicht. Die Zahl der Pflanzenarten nimmt stetig zu. Typisch sind Salzwiesen-Rotschwingel und Binsen.

Die Pionierpflanze, die als allererste anfängt, Watt zu Salzwiese umzuwandeln, ist der **Queller**. Er ist grün, wenn er frisch und jung ist, und wird mit zunehmendem Salzgehalt gegen Herbst rot. Danach stirbt die Pflanze ab. Aus Queller machte man auf den Halligen traditionell Gemüse oder Salat. Eine weitere typische Salzwiesenpflanze

oben: Haufen eines Wattwurms. unten: Gang eines Wattwurms.

ist der **Strandflieder**, auch **Halligflieder** oder Bondestave, mit den auffallend schönen violetten Blüten. Ihn zu pflücken ist verboten, weil er bereits in manchen Gebieten selten geworden ist. Auf dem Halligflieder lebt eines der spezialisierten kleinen Tiere der Salzwiese mit einem sehr, sehr langen Namen: Der **Halligfliederspitzmausrüsselkäfer**.

Der **Strandwermut** oder -**beifuß** riecht durch sein ätherisches Öl sehr würzig, besonders, wenn man etwas von der Pflanze zwischen den Fingern verreibt. Auf den Halligen wurden früher Sträuße mit Wermut in die Schränke gelegt, weil sie Ungeziefer fernhalten sollen. Die **Strand-Salzmelde** oder **Portulak-Keilmelde** ist die einzige Holzpflanze der Gezeitenzone. Ihre Blätter schmecken salzig und ähnlich wie die Blätter der Speisepflanze Portulak. Die **Strandaster** blüht im Spätsommer sehr schön hell violett – wenn Schafe die Pflanze nicht kurz fressen. Strandastern speichern das Salz in ihren Blättern, die sie im Herbst abwerfen. Im Frühsommer findet man in der Salzwiese reichlich **Strandgrasnelke**. Sie scheint nicht zu schmecken, weil sie, wie auch der **Strandflieder**, von Schafen gemieden wird.

Tipp: Besonders viel Salzwiese findet man auf Hallig Gröde und auf der Hamburger Hallig. Auf der Hamburger Hallig gibt es einen interessanten Salzwiesenlehrpfad. Auch eine Salzwiesenführung, die regelmäßig auf der Hamburger Hallig stattfindet, ist ein spannendes Unternehmen. Erleben Sie die Salzwiese mit allen Sinnen – beobachten Sie Blütenpracht und Farbenvielfalt, riechen sie den aromatischen Duft des Strandwermuts und schmecken Sie die salzige Frische der leckeren Quellerstangen.

IM WATT

Watt ist so viel mehr als Schlick, dass es hier nur um einen ganz kleinen, kurzen Einblick in die unglaubliche Vielfalt an Lebewesen gehen kann, die diesen Lebensraum bevölkern. Viele hunderttausend Lebewesen bevölkern einen Kubikmeter Watt, mikroskopisch kleine und größere, bis zur Größe einer Muschel, die der Wattwanderer mit bloßem Auge wahrnehmen kann.

Die **Herzmuscheln** sind klein bis mittelgroß, herzförmig – daher der Name – und besitzen eine gewellten Schale mit zahlreichen Falten. Sie haben nur einen kurzen Sipho – die Röhre für Atmung und Nahrung –, leben daher nur recht flach im Sediment eingegraben. Sie sind im Wattenmeer häufig anzutreffen.

Auch die **Sandklaffmuschel** gehört zu den häufigen Muscheln im Wattenmeer. Sie kann bis zu 15 Zentimeter groß werden. An einem Ende der Muschel befindet sich der Grabfuß, mit dem sich die Muschel eingräbt. Der Grabfuß wächst nicht mit, ausgewachsene Tiere können sich daher nicht mehr eingraben. Die Sandklaffmuschel lebt bis zu 30 Zentimeter tief im Sediment. Ist die Muschel einmal eingegraben, wechselt sie nie mehr den Standort. Der Name rührt daher, dass die Schale nicht mehr ganz schließt, also klafft. Das kann sich die Muschel leisten, weil sie so tief eingegraben lebt.

Tipp: ***Die Schalen der Sandklaffmuschel sind sehr scharfkantig. Bei einer Wattwanderung sollte man darauf ein wenig achten.***

Der Name der **Miesmuschel** stammt vom mittelhochdeutschen »mies« für »Moos«, vielleicht, weil die Muscheln so teppichartig wachsen. Die Larven sind zunächst freischwebendes Plankton, befestigen sich aber nach einigen Wochen mit Byssusfäden (Byssus = Muschelseide) an Steine, Pfählen oder anderen festen Untergründen. Miesmuschelschalen sind blau-violett, 5 bis 10 Zentimeter groß, länglich oval. Die Miesmuschel gewinnt ihre Nahrung durch Filtration.

Die Bestände der Miesmuscheln nehmen im Wattenmeer seit Jahren ab. Miesmu-

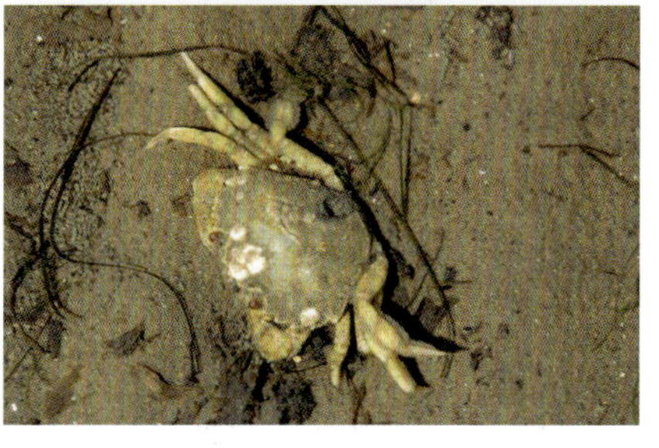

von oben: Schale einer Sandklaffmuschel — Schale einer Herzmuschel — Miesmuscheln mit den typischen Fäden — Strandkrabbe.

schelbänke, auch künstlich angelegte, werden im Wattenmeer kommerziell genutzt.

Tipp: *Versuchen Sie einmal, eine einzelne Miesmuschel von so einem Konglomerat anzuheben. Muschelseide ist ganz schön stabil! Muschelbänke sollte man keinesfalls betreten, schon gar nicht barfuß!*

Die **Strandkrabbe**, eigentlich Gemeine Strandkrabbe, ist im Wattenmeer sehr häufig anzutreffen. Den Körper umgibt ein Panzer, der einen erheblichen Anteil des Gesamtgewichts der Krabbe ausmacht. Es gibt selten einmal Tiere mit einer Größe bis über 80 Zentimeter, in der Regel sind sie aber deutlich kleiner. Strandkrabben sind oben grünlich, ab der Unterseite gelblich, solange sie sich im Wachstum noch regelmäßig häuten. Später wird die Oberseite bräunlich, die Unterseite eher rötlich. Junge Krabben könne ihre Färbung in begrenztem Maße der Umgebung anpassen. Die Scheren sind oft unterschiedlich groß, die größere wird auch als »Knackschere« bezeichnet.

Tipp: *Die Knackschere ist sehr kräftig. Wenn einen die Krabbe damit kneift, ist das recht schmerzhaft.*

Der **Wattwurm** ein Ringelwurm. Er ist charakteristisch für die Ökologie des Wattenmeeres. Durch die Vielzahl typischer Kothaufen im Watt ist er sehr präsent. Der Wurm ist rotbraun, 20 bis 40 Zentimeter lang, vorn fingerdick, hinten dünner. Er besiedelt das gesamte Watt von der Niedrig- bis zur Hochwasserline. Der ausgewachsene Wurm gräbt eine U-förmige Röhre, in der er lebt.
Er frisst ständig den Sand und filtert verwertbare organische Stoffe heraus. Am Eingangsbereich hat der Gang einen kleinen Trichter, den Fresstrichter. Ungefähr alle 30 Minuten stößt der Wurm am anderen Ende des Us den typischen, spaghettiartig geringelten Sandhaufen aus. Die Wattwürmer fressen zusammen in einem Jahr einmal den gesamten Sand des Watts oberhalb von 20 Zentimeter Tiefe. Ein einziger Wurm filtert ca. 25 Kilogramm Sand im Jahr. Da die Würmer mobil sind, tragen sie viel zur Umwälzung des Wattbodens bei.

links: Wattwurm. rechts: Bäumchenröhrenwurm.

Tipp: ***Zählen Sie einmal die Anzahl der Häufchen auf einem Quadratmeter. Es leben ganz schön viele Würmer im Watt.***

Der **Bäumchenröhrenwurm** baut auf Sandböden unter Wasser Röhren aus Sandpartikeln, in denen er lebt. Die Röhre ragen in teils bizarren Formen einige Zentimeter aus dem Boden heraus.

Die **Strandschnecken** haben eine feste Schale mit Zuwachslinien oder eventuell spiralig verlaufenden Linien. Wenn sie trocken fallen, verschließen sie ihr Gehäuse mit einem Horndeckel, die verhindert, dass das Tier im Inneren austrocknet. Wenn das Wasser wieder aufläuft, bemerkt die Schnecke die Strömung und öffnet ihren Deckel.

Tipp: ***Schwenkt man eine Strandschnecke vorsichtig hin und her, öffnet sie vielleicht ihren Deckel, und wenn man Glück hat, kann man kurz die Schnecke sehen, bevor sie den Deckel schnell wieder schließt, weil sie bemerkt hat, dass doch noch kein Wasser da ist.***

Die **Gemeine Wattschnecke** hat ein sehr spitzes Gehäuse. Man muss aber schon genau hinschauen, das Gehäuse ist nur 9 Millimeter hoch. Auf einem Quadratmeter Watt leben bis zu 50.000 Wattschnecken. Die Wattschnecken heften sich mit auflaufendem Wasser an die Wasseroberfläche. Dort lassen sie sich treiben und bilden ein Schleimband, in dem die Nahrung hängen bleiben soll. Läuft das Wasser ab, lassen sie sich absinken und bleiben auf dem Sand, bis dieser trocken fällt, und suchen dort nach Nahrung. Später graben sie sich dann

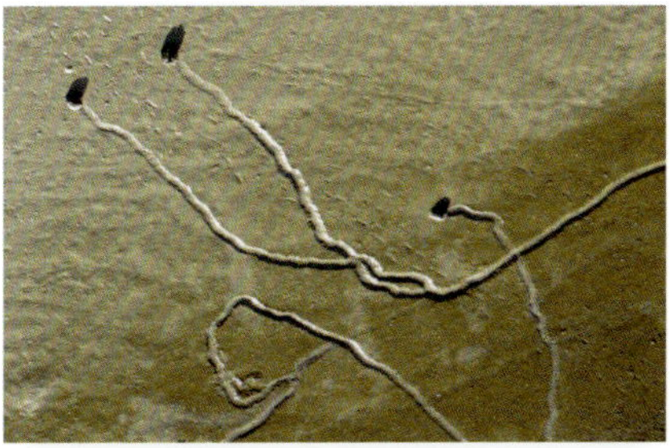

oben: Strandschnecke. Mitte: Spuren der Strandschnecken. unten: Wattschnecken.

ein und warten darauf, dass das Wasser erneut steigt. Weil es so viele Wattschnecken gibt, verkleben ihre Ausscheidungen den Sand und begünstigen dadurch die Ablagerung von neuem Sand. Die Massen der Winzlinge reichen sogar Brandgänsen als Nahrung.

DIE AUSSENSÄNDE

Die Außensände Süderoogsand, Norderoogsand und Japsand sind Reste des Sandwalls, der sich vor langer Zeit von Eiderstedt bis Sylt hinzog und das moorige Land dahinter vor dem Meer schützte. Die Außensände sind für die Halligen lebenswichtig, weil sie sie vor der direkten Brandung der Nordsee schützen.

SÜDEROOGSAND

Der Süderoogsand liegt südwestlich der Hallig Süderoog. Er ist der größte der drei Außensände. Im Westbereich wachsen unter günstigen Bedingungen kleinere Dünen auf, im Osten läuft der Sand flach ins Sandwatt aus. Im Norden trennt das Rummelloch Süderoogsand und Norderoogsand, im Süden verläuft der Heverstrom.

Der Süderoogsand gehört zur Schutzzone 1 des Nationalparks und darf daher nur mit Sondergenehmigung betreten werden.

Der Süderoogsand war zur Zeit der Segelschiffe eine Gefahr für die Schifffahrt, jedes Jahr strandeten Schiffe auf dem Sand und wurden meist schnell von der Brandung zerschlagen. So errichtete man bereits im 17. Jahrhundert ein Leuchtfeuer auf dem Sand, das aber bald zerstört wurde. Zwischen 1798 und 1922 strandeten mehr als 50 Schiffe auf dem Süderoogsand. Havarien waren durchaus im Interesse der Halligbewohner. Nicht alles wurde der Obrigkeit gemeldet, lieber behielt man manches für sich.

Das Strandungsprotokoll des englischen Vollschiffs Elisabeth Catharina, von Lima gekommen, verloren 1868 vor Süderoogsand, notiert:

»Selbigen Sommer war hier auf Süderoog 2 Tage Auktion von ca. 3.000 Balken, 12 Ballen Baumwolle, 2 Tonnen Oel, 2 großen Trossen, 7 Kisten mit Kleidungsstücken, 7 Säcken mit Kleidern, einigen Paketen neuen Röcken und Hemden, Seekarten, Compassen, 18 Flaggen, Kochgerätschaften, 1 Kiste Zucker, 2 Kisten Bananen- und Melonensaft, 1 Kiste mit Chinesischem Elfenbein, Arm beiten und Bücher, 1 Kiste mit Uhren und Uhrmachergerätschaften, 30 Tolli Bretter, 500 Pfund Kopfer, 5 Wracken und sonstigen Sachen.« (Verzeichnis der seit 1798 auf Süderoog gestrandeten Schiffe, http://www.seefahrt.pellworm.net/strandungen.php)

1866 errichteten Schiffer auf eigene Kosten eine Signallaterne auf Süderoog. Ein Jahr später konnten sie den Unterhalt schon

links: Sand mitten im Meer. unten: Bake auf dem Süderoogsand.

nicht mehr bezahlen und demontierten ihre Signallaterne wieder.
Auf dem Süderoogsand befand sich zu dieser Zeit bereits eine Bake zum Auffinden des Hever-Stroms. Bei Ausbruch des Deutsch-Französischen Krieges 1870 wurde die Bake zerstört.
1870, am Heiligen Abend, strandete auf Süderoogsand die spanische Bark Ulpiano.

»Die Mannschaft bargen wir den 26ten mit großer Mühe wegen des Eises und war dieselbe hier reichlich 10 Wochen. Die Mannschaft war 12 Mann und hatte das Schiff noch keine Ladung eingehabt. Das Schiff hieß ›Ulpiano‹, der Capitän hieß Soforino Prido und war von Kirvarder in Spanien. Kostgeld für die Mannschaft 1.250 ii, Bergelohn 1.000 M.« (Verzeichnis der seit 1798 auf Süderoog gestrandeten Schiffe, http://www.seefahrt.pellworm.net/strandungen.php)

Die Galionsfigur befindet sich in einem Museum in Wyk auf Föhr. Das aus Dankbarkeit zurückgelassene Heckbild der Bark ziert bis heute die Südseite des Halligauses.
1872 baten 14 Husumer um die Errichtung von Leitfeuern auf Süderoogsand. Es wurde ab 1873 ein massiver Turm geplant, das Vorhaben aber nie umgesetzt.
1891 wurde die Bake durch Eis zerstört. Über den Sommer wurde weiter südlich eine neue Bake errichtet. Sie war mit einem kugelförmigen Toppzeichen und einem Rettungsraum versehen. In den folgenden Jahren musste die Bake durch die Wanderung des Süderoogsandes in Richtung Osten mehrfach versetzt werden. Im Jahr

links: Die MS Gebrüder fährt mehrfach im Jahr von Pellworm und manchmal auch von Hooge zum Norderoogsand. rechts: Wattwanderer auf dem Japsand.

1940 wurde das Toppzeichen durch eine Gaslaterne ersetzt und die Bake dadurch zum Leuchtfeuer. Die Bauwerke mussten mehrfach neu errichtet werden. Der letzte Neubau stammt von 1985. Die hölzerne Leucht- und Rettungsbake hat eine Höhe von 19 Meter und eine Feuerhöhe von 18 Metern über dem mittleren Tidehochwasser. Sie steht auf dem Südende des Sandes auf Position 54° 25‘ 30“ N, 8° 28‘ 44“ O, ihre Kennung ist: Glt.–6 s (= 3 Sekunden Dunkelphase, 3 Sekunden Licht).
Der Sand ist weiterhin in Bewegung. Er wandert bis zu 40 Meter im Jahr in Richtung Osten. Wracks, die lange verborgen waren, können nach vielen Jahren wieder auftauchen. Gerade zum Jahreswechsel 2012/2013 tauchten auf dem Sand drei Wracks wieder auf, unter anderem das Wrack des Stahlschiffs Ulpiano und ein unbekanntes Wrack aus der Zeit um 1700.

NORDEROOGSAND

Der Norderoogsand liegt westlich von Norderoog und südwestlich von Hooge. Er ist etwas kleiner als der Süderoogsand. Dafür beobachtet man dort seit ungefähr 15 Jahren im Norden des Sandes eine verstärkte Dünenbildung mit Bewuchs von Strandhafer, Strandroggen und Strandquecke. Die höchste Erhebung beträgt mittlerweile vier Meter. Im Dünenbereich brüten mittlerweile auch Vögel. Auch der Norderoogsand wandert nach Osten. Auch als Rastgebiet für Zugvögel ist der Sand wichtig – viele tausend Limikolen, Gänse und Enten halten sich dann dort auf. Der Dünenbereich wird von Seehunden als Rastplatz genutzt. Auch der Norderoogsand liegt in der Schutzzone 1 des Nationalparks und darf nur mit Ausnahmegenehmigung betreten werden.

***Tipp:** Von Pellworm aus fährt die MS Gebrüder mehrfach im Jahr zum Norderoogsand.*

JAPSAND

Der Japsand ist mit 3,4 Kilometern Länge und 1,6 Kilometern Breite der kleinste der nordfriesischen Außensände. Japsand liegt 2 Kilometer westlich von Hooge zwischen Süderaue, Schmaltief und Hoogerloch. Auch auf dem Japsand gibt es erste Dünenbildungen. Der Japsand ist der dynamischste Außensand. In den letzten Jahrzehnten ist er an Ausdehnung und Volumen deutlich gewachsen. Auch der Japsand bewegt sich nach Osten. Man hat Computermodelle erstellt, die voraussagen, dass er um 2050 vermutlich mit dem Norderoogsand verschmolzen sein wird und beide zusammen Hallig Norderoog unter sich begraben werden.

Japsand gehört größtenteils ebenfalls zur Schutzzone 1 und darf nicht betreten werden. Die Nordspitze ist im Rahmen von geführten Wattwanderungen zugänglich, die die Schutzstation Wattenmeer Hooge regelmäßig anbietet, die den Sand auch naturschützerisch betreut.

Tipp: Eine Wanderung zum Japsand ist ein lohnendes Erlebnis. Näher können Sie einem der Außensände nicht kommen. Von Hallig Hooge dauert eine Japsand-Tour hin und zurück und mit Aufenthalt auf dem Sand ungefähr vier Stunden. Auch mache Ausflugsschiffe fahren mehrfach im Jahr zum Japsand.

SEEHUNDE

Seehunde nutzen Sände und Sandbänke gerne als Ruheplatz. Seehunde unterscheiden sich von den Kegelrobben durch den runderen Kopf. Seehundmännchen sind etwa 170 Zentimeter lang und bis 150 Kilogramm schwer. Die Weibchen sind etwas kleiner. Seehunde sind ans Wasser angepasste Säugetiere, die lebend gebären. An Land sind sie eher unbeholfen und schwerfällig, im Wasser aber schnelle Jäger. Junge Seehunde werden wegen ihrer Rufe zu sogenannten Heulern, wenn sie von der Mutter verstoßen werden, diese zu Tode kommt oder beide zum Beispiel im Sturm getrennt werden.

Früher wurden Seehunde teils aus Nutzungsinteressen, später auch zum Sport durch Touristen bejagt. Nachdem die Bestände eingebrochen waren, wurde die Jagd verboten.

Tipp: Wenn Sie einen verletzten oder verwaisten Seehund finden, berühren Sie das Tier nicht, sondern halten sich fern und benachrichtigen auf den großen Halligen den Seehundjäger. Dieser heißt heutzutage nur noch so. Er kümmert sich fachkundig um verletzte oder verwaiste Tiere.

Eine Fahrt mit dem Schiff zu den Seehundsbänken ist ebenfalls immer ein Erlebnis. Beobachten Sie die Tiere beim Sonnenbaden.

Seehunde ruhen gerne auf den Außensänden.

12
HALLIG LANGENESS

» Man nennt selbige insgemein eine Hallig, oder Eiland, weil sie von Saltzen-Wasser umflossen, niedrig und mit keinem Teiche umgeben ist; daher sie der Gewalt der Wellen in keine Wege widerstehen kann, und oft bey stürmichten Wetter, von der aufschwellnden Fluth überschwemmet wird. Den Nahmen Nordmarsch hat unsere Insel von einer anderen Landschaft, welche vor alten Zeiten an der Süd-Ost Ecke angegräntzet, und Südmarsch geheißen hat, welches aber schon längst von der See verschlungen ist […]« (Lorenz Lorenzen: Genaue Beschreibung der wunderbaren Insel Nordmarsch, 1749)

Die langgestreckte Hallig Langeness ist die größte der nordfriesischen Halligen. Ursprünglich waren es drei Halligen: Nordmarsch, Butwehl und Langeness.

Die Hallig Nordmarsch lag im Südwesten, Butwehl in der Mitte und Langeness im Nordosten. Zwischen den drei Halligen befanden sich mit dem Ley und dem Wester- und Osterwehl recht tiefe Priele. Im Zuge der Halligschutzmaßnahmen im 19. Jahrhundert wuchsen die drei Halligen nach und nach zusammen. Bis nach dem Zweiten Weltkrieg hieß die Hallig noch Nordmarsch-Langeness.

Langeness wirkt etwas rauer als zum Beispiel Hooge. Es gibt mehr Salzwiesenpflanzen, das Land wirkt etwas zerklüfteter. Das Aussehen der Hallig wird zu einem großen Teil durch die Priele bestimmt – Priele, die einstmals Verkehrsadern waren. Heute verfügt Langeness über Straßen, über die Priele führen feste Brücken.

Langeness liegt zwischen zwei breiten und tiefen Wattströmen: der Norderaue und der Süderaue. Beide waren einst schmal. Früher konnte man bei Niedrigwasser zu Fuß von Langeness nach Föhr gelangen. Heute ist das unmöglich.

Langeness ist 956 Hektar groß und hat 18 bewohnte Warften. Insgesamt befinden sich 21 Warften auf der Hallig, aber einige sind nicht mehr bewohnt, nachdem die Häuser in Sturmfluten zerschlagen worden waren. Auf einer Warft befindet sich der Leuchtturm von Langeness. Langeness hat ungefähr 110 Einwohner.

Langeness verfügt über eine Grund- und Hauptschule, ein Hotel, zwei Gaststätten, Gruppenunterkünfte, eine Krankenpflegestation und mehrere Museen. Für die

oben: Neuwarft spiegelt sich im ruhigen Wasser.
unten: Abendstimmung auf Hallig Langeness.

oben: Anhänger unten: Friesenfahne – Lever düad us Slav, Lieber tot als Sklave.

Gäste stehen auch Ferienwohnungen zur Verfügung. Die Versorgung mit Waren des täglichen Bedarfs erledigt derzeit ein Kaufmann aus Niebüll, der zweimal pro Woche die Hallig beliefert. Zusammen mit Oland und Gröde bildet Langeness eine Kirchengemeinde. Der Pastor lebt auf Langeness. Langeness und Oland bilden auch verwaltungstechnisch eine Gemeinde, die zum Amt Pellworm gehört.

Langeness verfügt zusammen mit Hallig Oland über eine Lorenverbindung nach Dagebüll am Festland. Die Lorenbahn ist Eigentum der Küstenschützer des LKN und darf nach Absprache von den Langenessern für private Zwecke genutzt werden. Der neue, erst unlängst fertig gestellte Lorendamm ist im Gegensatz zu seinem Vorgänger nahezu tideunabhängig nutzbar. Die Gäste erreichen Hallig Langeness aber in der Regel mit der Fähre der WDR ab Schlüttsiel, die in der Hauptsaison täglich, in der Nebensaison mehrmals wöchentlich verkehrt.

Der Tourismus stellt auch auf Langeness eine wichtige Einkommensquelle dar, obwohl die Langenesser, was die aktive Förderung des Tourismus angeht, zum Beispiel durch einen Radweg rund um die Hallig entlang der Halligkante, deutlich zurückhaltender sind als die Hooger. Auch der Tagestourismus spielt auf Langeness keine so große Rolle wie auf Hooge. Man verlässt sich lieber auf Stammgäste, die die Halligruhe suchen.

Wie auch auf den anderen Halligen ist auf Langeness die Landwirtschaft zugunsten von Tätigkeiten im Tourismus oder im Küstenschutz zurückgegangen. Langeness hat noch einen landwirtschaftlichen Haupterwerbsbetrieb und mehrere Landwirte,

die nebenbei wirtschaften, eigentlich aber von etwas anderem leben. Die Langenesser Landwirte betreiben Viehhaltung, meist Rinder, einige Schafe, und Weidewirtschaft. Es gibt einen Postboten für die Hallig und den bekannten Postschiffer Fiede Nissen für den Transport der Post nach Langeness, Oland, Gröde und Habel.

RUNDWEGE AUF HALLIG LANGENESS

Die Rundwege, die auf den folgenden Seiten beschrieben werden, sind natürlich nur eine Auswahl. Man kann Hallig Langeness auf der steinernen Halligkante im Prinzip einmal komplett umrunden, und immer wieder führen Wege durch die Fennen zurück ins Halliginnere.

Manche Rundwege sind mit dem Fahrrad befahrbar, manche nur zum Teil, manche – insbesondere diejenigen, die Abschnitte an der Halligkante beinhalten – eher nicht. Ob man zu Fuß läuft oder Fahrrad fährt, bleibt ansonsten natürlich jedem selbst überlassen. Man sollte gerade im Fall von Hallig Langeness aber immer im Hinterkopf behalten, dass die Hallig wirklich lang ist. Eine einfache Strecke von einem Ende zum anderen misst ungefähr 11 Kilometer – man muss immer auch wieder zurück. Und es ist fast garantiert, dass auf einer Strecke Gegenwind herrscht.

Für den eiligen Tagesgast oder denjenigen, der nicht so gut zu Fuß ist, wartet in der Saison nahe der Rixwarft in der Regel der Halligexpress, ein Unimog mit Personenanhänger, der den Gast anstrengungsfrei zu den relevanten Sehenswürdigkeiten bringt. Jedoch – wirklich erleben kann man eine Hallig am besten zu Fuß oder mit dem Fahrrad.

oben: Die Wege zum Grünstrand sind bisweilen etwas verschlungen. unten: Priel nahe der Peterswarf.

ZWEI WEGE IN LANGENESS' WESTEN AUF DER ALTEN HALLIG NORDMARSCH

Die beiden Rundwege überschneiden sich zum Teil. Jedoch ist einer gut mit dem Fahrrad zu absolvieren, der andere enthält einen Abschnitt auf der Steinkante.

RUNDWEG 1

Rixwarf – Halgewarf – Leuchtturm – Neu-Peterswarf – Kirchhofswarf – Sportboothafen – Hilligenley – Rixwarf. Ungefähr 6 Kilometer, meist fahrradtauglich.

Die Tour beginnt an der Rixwarf.
Nahe der Rixwarf liegt der **Fähranleger** der Hallig Langeness. Dort betritt der Gast in der Regel die Hallig. Wie auch Hallig Hooge wird Langeness regelmäßig von der Hilligenlei I der WDR angelaufen. Der Anleger selbst ist verhältnismäßig neu. Dicht dabei liegt der alte Anleger. Er war deutlich tideabhängig – bei Niedrigwasser nicht anzufahren, bei Hochwasser überflutet.

Die **Rixwarf** selbst liegt unmittelbar neben dem Fähranleger direkt an der Halligkante. Die Maßnahmen zur Uferbefestigung kamen für die Rixwarf gerade noch rechtzeitig, um sie vor dem Untergang zu bewahren. Mitte des 18. Jahrhunderts lebten noch fast 50 Menschen auf Rixwarf, weniger als 150 Jahre später gaben die letzten Bewohner dem Kampf um ihre Warft auf und zogen fort. Die Rixwarf gelangte in den Besitz des Staates. Zunächst richte das Wasserbauamt Husum eine Baracke für seine Arbeiter her. In den zwanziger Jahren wurde die Baracke durch ein richtiges Halligaus ersetzt. Das reetgedeckte Haus steht bis heute und beherbergt zwei kleine Wohnungen für Wasserbauarbeiter. Außerdem befinden sich auf der Rixwarf ein Kiosk, dessen Besitzer auch den Fahrradverleih betreibt, und ein Informationszentrum der Schutzstation Wattenmeer. Die Ausstellung ist im Sommer täglich von 12 bis 15 Uhr oder auf Anfrage geöffnet. Auch ein öffentliches Telefon und ein öffentliches WC befinden sich auf der Rixwarf.
Im Vorland ist der **Queller** besonders schön ausgeprägt, je nach Jahreszeit grün oder rot. Auf dem Weg ins Halliginnere biegt man auf ungefähr halbem Weg nach Hilligenlei links ab und gelangt auf einem gepflasterten Weg und, nachdem ein Tor durchquert hat, über eine Wiese zur Halgewarf. Dort lohnt der Blick in die Fennen, man kann Seeschwalben beobachten und Möwen.

links oben: Der Langenesser Anleger nahe der Rixwarf. links unten: Halgewarf. oben: Hilligenley.

Die **Halgewarf** ist eine alte Warft. Bereits im 17. Jahrhundert bewohnt, wurde sie in der großen Halligflut von 1825 zerschlagen und, weil so nahe der Halligkante, nicht neu besiedelt. Die Warft befindet sich in Privatbesitz. Auf der Halgewarf befindet sich eine kleine Sommerhütte, das Halge Huus. Die Langenesser schenkten die Warft ihrem ehemaligen Lehrer Koch. Koch war 1921 Lehrer auf der Hallig und brachte danach noch viele Jahre lang Gruppen von Jugendliche zur Erholung auf die Hallig. Die jungen Leute verbrachten den Sommer als Hütejungen auf Langeness. Der Lehrer errichtete sich ein kleines Sommerhaus auf seiner Warft. Das Häuschen fiel der Sturmflut von 1976 zum Opfer und wurde danach durch die heute noch vorhandene Hütte ersetzt, die tagsüber von den Feriengästen des Besitzers genutzt werden kann.
Von der Halgewarf geht es dann zu Fuß – Fahrradfahrer müssen ihr Gefährt kurz dort stehen lassen – durch eine wunderschöne **Salzwiesenzone** zur **Alt-Peterswarf** mit dem **Leuchtturm** der Hallig Langeness.
Im 18. und noch im 19. Jahrhunderts lebten auf der Alt-Peterswarft mehrere wohlhabende Kapitänsfamilien. Doch bereits gegen Ende des 19. Jahrhunderts war der Abbruch nicht mehr aufzuhalten. Die Bewohner zogen um auf andere Warften oder verließen ganz die Hallig. Auf der Alt-Peterswarf befindet sich heute der Leuchtturm Nordmarsch.

oben: Fething der verlassenen Neu-Peterswarft.
unten: Grabstein auf dem Nordmarscher Friedhof.

» *Dr. Eugen Träger schrieb 1892 über die Zerstörung der Alt-Peterswarf: »Als ich sie 1886 zum ersten Mal sah, erschien sie mir bereits rettungslos verloren: Schon standen die Pfähle der Schafhürden und die Zäune auf grauem Schlick, bei Flut im Wasser, schon war der Halliggrund am Fething zerrissen, der Wall selbst geschwächt und mühsam durch Strohnaht geschützt. Später fand ich die gefährlichsten Schäden etwas dauerhafter ausgebessert, aber die Warft bildete dafür jetzt bereits eine Halbinsel und dürfte dem nächsten Hochwasser kaum noch genügenden Widerstand leisten, so dass die Bewohner genötigt sind, weiter landeinwärts eine neue Warft [Neu-Peterswarft] aufzuschütten, woran gegenwärtig gearbeitet wird. Die Peterswarft verfällt somit rapid dem Schicksal manch anderer Warft, deren klägliche Reste in düsterem Schweigen hineinstarren in die Fluten, die unermüdlich an ihrer Vernichtung bis zum völligen Verschwinden weiterarbeiten.« (Eugen Träger: Die Halligen Nordfrieslands, 1892)*

Bis weit ins 19. Jahrhundert verlief der Schifffahrtsweg zwischen den beiden Halligen Oland und Langeness hindurch. Ende des 19. Jahrhunderts wurde ein Dammbau geplant, der Oland mit Langeness verbinden sollte und den Schifffahrtsweg verschloss. Schiffer aus Wyk und Husum intervenierten bei der Wasserbauinspektion, die künftige Route von Husum nach Wyk über Süderaue und Marschnack sei deutlich schwieriger zu befahren, und forderten ein Leuchtfeuer am westlichsten Ende der Hallig Nordmarsch-Langeness.

Um die Jahrhundertwende wurden Oland und Langeness mit einem Kleidamm verbunden, und die Landgewinnung wurde eingeleitet. Auf der alten, seit 1894 verlassenen Peterswarf von Nordmarsch wurde ein Probefeuer entzündet. Das Probefeuer bewährte sich, also wurde die alte Peterswarft mit in die steinerne Befestigung der Halligkante einbezogen und 1901 mit einer Steindecke befestigt. 1902 wurde der Leuchtturm errichtet. Bereits 1916 erlitt der Turm durch eine Seemine erheblichen Schaden, der Mauerwerksturm wurde von Rissen durchzogen und stand fortan schief. Mangels Geld wurde das Leuchtfeuer lange

Der Langenesser Leuchtturm.

nicht saniert. Den Zweiten Weltkrieg überstand der Turm unbeschadet. Doch erst im Jahre 1953 wurde die Schäden aus dem Ersten Weltkrieg behoben, das Leuchtfeuer mit Ziegeln ummantelt und die Schiefstellung korrigiert.

Der Eigentümer der alten Peterswarf, Julius Paulsen, fungierte auch als Leuchtturmwärter. Bis 1984 blieb diese Aufgabe in der Familie. Seitdem wird die Betreuung des Leuchtturms von Amrum aus wahrgenommen.

Der Turm ist 11 Meter hoch, das Leuchtfeuer befindet sich in 16 Metern Höhe. Das Leuchtfeuer befindet sich auf Position 54°37,6' N / 08°31,8' E. Das Leuchtfeuer hat einen roten und einen weißen Sektor. Die Tragweite des weißen Lichts beträgt 14 Seemeilen, die des roten 11 Seemeilen. Das Leuchtfeuer blinkt zwei Sekunden, ist dann drei Sekunden dunkel, dann wieder zwei Sekunden Licht, drei Sekunden dunkel, zwei Sekunden Licht, acht Sekunden dunkel und das Ganze von vorn. In der Fachsprache wird dieser Vorgang abgekürzt: Blk (3) w/r – 20.

Vom **Leuchtturm** geht es jetzt zurück durch die **Salzwiese** zur **Halgewarf.** Von dort führt ein fahrradtauglicher Weg zur **Neu-Peterswarf**. Die Neu-Peterswarf war als Ersatz für die zerstörte Alt-Peterswarf geplant. Sie wurde 1895 nach fünf Jahren Bauzeit fertig gestellt. Damit ist sie die jüngste Warft auf den Halligen. In der schweren Sturmflut von 1962 wurde sie jedoch bereits wieder derart zerschlagen, dass sie nicht mehr bewohnbar war. Weil sie recht nahe an der Halligkante liegt, blieb auch sie seitdem unbebaut.

Von dort geht es etwas zurück und dann weiter zur **Kirchhofswarf**. Dort befand sich früher die Kirche der Gemeinde Nordmarsch. Heute liegt dort der Friedhof der Gemeinde, der auch weiter genutzt wird. Von der Kirchhofswarf geht es jetzt links Richtung Schleuse des **Jelf** und dem dortigen **Sportboothafen**. Dann zurück nach Hilligenlei. Die **Mayenswarf** liegt am Weg links.

Hilligenley ist eine sehr alte Warft. Bereits 1471 wurde die Warft erwähnt. Um die Jahrhundertwende wurde die Warft literarisch weithin bekannt durch den Roman Hilligenlei des damals sehr beliebten Heimatdichters Gustav Frenssen. Das erklärt vielleicht auch bereits frühes touristisches Interesse und die Tatsache, dass es von

Hilligenley mehr alte Postkarten zu geben scheint als von jeder anderen Warft. Auf der Nordseite der Warft, die der Hallig zugewandt ist, existieren noch einige alte, reetgedeckte Hallighäuser. Auf der anderen Seite, Richtung Anleger, sind die Häuser typische Vertreter der Bauweise, die nach 1962 prägend wurde.
Heute befinden sich auf Hilligenley eine Gaststätte, ein Hotel sowie der Halligkindergarten und die Gemeindepflegestation. Von Hilligenlei ist es nur noch ein kurzer Weg zurück zur Rixwarf.

RUNDWEG 2
Rixwarf – Halgewarf – Leuchtturm – Halligkante – Sportboothafen – Kirchhofswarf – Neu-Peterswarf – Halgewarf – Rixwarf. Ungefähr 6 Kilometer, für Fußgänger.

Auch dieser Rundweg beginnt an **Rixwarf** und führt über **Halgewarf** zur **Alt-Peterswarf** mit dem Leuchtturm. Von dort geht es dann an der **Halligkante** entlang direkt zur Schleuse des **Jelf** und zum **Sportboothafen**. Von der **Halligkante** hat man einen schönen Blick auf die Nachbarhallig **Hooge** und die Inseln **Amrum** und **Föhr**. Wenn man viel Glück und sehr klare Sicht hat, kann man zwischen Amrum und Föhr sogar den Leuchtturm von Hörnum auf Sylt erkennen.
Vom Sportboothafen geht es jetzt zur **Kirchhofswarf**. Auf der Kirchhofswarf stand früher einmal die Kirche der Hallig Nordmarsch. Auch die Geschichte der Nordmarscher Kirche ist die einer typischen Halligkirche: Immer wieder Verlust und Neuanfang.
Bereits im 14. Jahrhundert existierte eine Gemeinde mit dem Namen Nordmarsch. Ihre Kirche lag ungefähr 3 Kilometer westlich der heutigen Hallig. In der ersten Großen Mandränke 1362 versank auch diese Kirche. Die Nordmarscher gingen seitdem nach St. Johannis auf Föhr zur Kirche. Durchs Watt konnte man damals noch problemlos von Nordmarsch zur Insel Föhr gelangen.
Genau wie über das Rummelloch zwischen Hooge und Pellworm existiert auch hier die Sage, ein Pferdeschädel habe mitten im Priel gelegen und man habe trockenen Fußes von der Hallig zur Insel und zurück gelangen können, indem man auf den Pferdeschädel getreten wäre. Doch irgendwann wurde der Weg immer schwieriger, um zum Gottesdienst zu gelangen. Und so

Grabstein auf dem Nordmarscher Friedhof.

errichteten die Nordmarscher 1599 ihre neue Kirche. Sie lag auf der Nommenswarf. Auch diese Warft versank, ihr Standort befand sich ungefähr einen Kilometer vor der heutigen Halligkante.
Im Jahre 1732 wurde dann die dritte Kirche errichtet. Sie stand schon auf der heutigen Kirchhofswarf. Ein Jahr später entstand das dazugehörige Pastorat. Bereits 1825 in der Großen Halligflut wurde die Kirche dann so schwer beschädigt, dass sie nur notdürftig hergerichtet und 1838 endgültig abgebrochen wurde. Die Gemeinde Nordmarsch wurde mit der von Langeness vereinigt. Das alte Pfarrhaus wurde erst nach der Sturmflut 1962 abgebrochen. Erhalten blieb der alte Friedhof, vor dem Wind geschützt durch alte, knorrige und gebeugte Bäume. Bis heute ist er die letzte Ruhestätte der Nordmarscher. Ein Bauernhof befindet sich noch auf der Warft.
Lorenz Lorenzen schreibt in seiner Genauen Beschreibung der wunderbaren Insel Nordmarsch von 1749 im Kapitel »Von dem Kirch-Hofe, der Kirchen und dem Pastorat-Hause auf Nordmarsch«:

» *Anfänglich waren einige auf unsrer Insel mit diesem neuen Kirchbau gar nicht zufrieden, weil sie meinten: Es könnte die alte Kirche noch viele Jahre lang stehen. Diese Unzufriedenheit ging auch so weit, dass, als ein Schmack nach Holland gesand war, Kalck und Steine zu holen, und zugleich die Handgelder und Kisten der Seefahrenden mitbringen solte, einige gantz unbesonnen wünscheten, das Schiff möchte mit Steinen und Gütern einsinken, und siehe, es geschah also: Das Schmack ging zu Grunde, und sie*

oben: Priel im Westen der Hallig Langeness. unten: Schleusentore am Jelf.

oben: Ruhiges Wasser im Jelf. rechts oben: Garten auf Ketelswarf. rechts Mitte: Alkoven im Kapitän-Tadsen-Museum. rechts unten: Auf Ketelswarf.

büßeten zugleich ihre Güter mit ein. Der Bau aber mußte doch fortgehen, und itzo sind alle froh, dass er vollendet ist, weil sie doch schon vor einigen Jahren daran gemußt hätten. Unser itziger neuer Kirchhof lieget also, wie schon erwehnet, mitten auf der Insel, dicht an dem großen Heeg-Fluß, wo er sich mit der Elbe vereiniget, er ist nach unserer Art; schon groß und hoch aufgeführet, dass wir uns für den ordinairen Fluthen nicht fürchten dürfen. Des Sommers ist er mit grünen Rasen und Blumen gantz bewachsen, und lassen wir ihn zuweilen 2 mahl mähen. Wir haben auf unserm Kirchhofe keine Nachbahren; und stehet die Kirche samt dem Pastorat-Hause alleine darauf. Es ist hier folglich gantz stille, zum Studieren überaus bequem, und genießen wir fast immerfort einer ungestöhrten Einsamkeit. Die Kirche ist mit Stroh gedecket, hat höltzerne Giebel, und ist etwas höher als ein gemeines Haus. Inwendig ist sie mit einer Grund-Farbe angestrichen. Die Kantzel stehet über dem Altar, und ruhet auf demselben. An der Kantzel, welche schwartz gefärbet, sind die 4 Evangelisten aus Holtz geschnitzet, und mit weißer Farbe angestrichen, zu sehen. Unter dem Boden der Kirche hangen 2 Grönländische Schiffe, und ein Orlog-Schiff, welche zum Zierrath dahin verehret worden. An der Wand hänget ein höltzernes Crucifix, und ist sonsten kein Bildniß darin anzutreffen. In der Kirche sind 182 Kirchstellen, welche unsern Einwohnern Raum genug geben. Eine Glocke haben wir nicht an unserer Kirche, und können also weder die Leichen zu Grabe leuten, noch auch das Zeichen zur Predigt geben. Die Leute kommen am Sonntage nach der Kirche zu, wenn es ihnen dünket, dass es Zeit sey; die weit entlegenen Warft-Leute fangen erst an zu gehen, und darnach richten sich die andern, damit sie zu gleicher Zeit da seyn mögen. Auch haben wir in unserer Kirche keine Orgel, auch keinen Klingbeutel, sondern nur eine kleine meßinge Armbüchse. […]«

Von der **Kirchhofswarf** geht es mit einem Abstecher zur **Neu-Peterswarf** zurück zur **Halgewarf** und von dort wieder zur **Rixwarf.**

EIN TAGESAUSFLUG NACH HALLIG LANGENESS

Rixwarf – Ketelswarf – Kirchwarf – Honkenswarf, hin und zurück ungefähr 14 Kilometer.

Diese Tour ist die klassische Tour der Tagesgäste, die auch der Hallig-Express fährt. Sie ist eine Tour für Fahrradfahrer, die aber einplanen sollten, dass sie sicher in einer Richtung Gegenwind haben. Und Gegenwind kann auf einer flachen Hallig andere Ausmaße annehmen als am Festland. Wer gute Beinmuskeln hat oder mehr Zeit als der Tagesgast, mag vielleicht noch die eine oder andere Warft am Weg kurz besuchen. Es geht los an der **Rixwarf**, links kann man den Leuchtturm erkennen. Am Ende der Straße biegt man rechts ab in Richtung Osten. Die erste Warft links ist **Süderhörn**, etwas später kommen links **Norderhörn** und rechts **Treuberg**. Auf Treuberg befindet sich nur ein Hof. Der Hof ist ein typischer alter uthländischer Hof. Die große Halligsanierung hat er unverändert überstanden. Der Hof ist leider schon seit längerer Zeit unbewohnt und diente bisweilen als Kulisse für Filmproduktionen. Auch die letzte Warfterhöhung hat die Warft nicht mitgemacht.

Hinter **Treuberg** verlässt man dann auch bald die ehemalige Hallig **Nordmarsch**, gelangt unmerklich auf die Hallig **Langeness** und passiert rechts die ehemalige Hallig **Butwehl** mit **Tamenswarf**, **Tadenswarf** und **Christianswarf**.

Inzwischen hat man dann auch bald die **Ketelswarf** erreicht. Die Ketelswarf ist eine sehr malerische Warft mit alten reetgedeckten Häusern aus der großen Zeit, als Halligmänner als Kapitäne Wohlstand mit nach Hause brachten. Die Hälfte aller Häuser aus der Zeit vor 1900, die Hallig Langeness noch besitzt, befindet sich hier.

Das **Gertsen-Haus** stammt aus dem Jahr 1725. Es wird seit knapp zehn Jahren als Museum genutzt und beherbergt eine Ausstellung über die Zeit der großen Segelschiffe. Besonderes Augenmerk legt man auf die Ausstellung zur PREUSSEN, dem

An geschützten Stellen gedeihen Rosen.

einzigen Fünf-Mast-Vollschiff, das jemals zur See fuhr, und ihren Kapitän Boy Petersen. Petersen stammte von Langeness.

Das **Kapitän-Tadsen-Museum** befindet sich ebenfalls in einem alten Halligħaus. Das Haus wurde ursprünglich 1741 von Tade Volkerts erbaut, einem erfolgreichen Kapitän in niederländischem Dienst. Kapitän Volkerts ließ sein Haus, wie damals üblich, mit kostbaren Delfter Fliesen ausstatten und sparte auch sonst nicht an der Einrichtung. 1825 wurde das Haus in der großen Halligflut schwer beschädigt, aber noch im gleichen Jahr wiederhergestellt und erweitert. Die schweren Sturmfluten 1962 und 1976 überstand das alte Haus glücklich. 1968 ging es in den Besitz der Gemeinde Langeness über. Als 1981 die letzte Bewohnerin verstarb, gestaltete die Gemeinde das Haus zum Museum um, wie es heute zu besichtigen ist.

Das Tadsenhaus repräsentiert ein typisches Kapitänshaus aus dem 18. Jahrhundert mit Döns, Pesel, Küche, Kammer und Stall. Die Fliesen sind teils noch original, teils liebevoll nachgearbeitet. Im Pesel befindet sich ein prächtiger Bilegger-Ofen.

Es gibt tägliche Führungen von Ostern bis Oktober.

Ebenfalls auf der Ketelswarf kann man den Nachbau einer **Bockmühle** bewundern. Bockmühlen waren einmal weit verbreitet auf allen Halligen. Man kaufte Getreide auf dem Festland, Ackerbau war auf den Halligen unmöglich. Gemahlen allerdings wurde auf den Halligen selbst, zum Teil mit Handmühlen, zum Teil aber auch mit solchen Bockmühlen. Im Laufe der ersten

Hälfte des 20. Jahrhunderts verschwanden nach und nach die Mühlen von den Halligen. Die Mühle auf der Ketelswarf ist ein exakter Nachbau der Mühle des Halligbauern Peter Hansen von Norderhörn von 1926.

Auf der Ketelswarf gibt es noch eine weitere Sehenswürdigkeit: Den Nachbau der Segellore, wie sie die legendäre Magda Mathiesen von Oland, Käpt'n Magda genannt, nach dem letzten Krieg noch bis 1968 betrieb. Zeitweise war ihre Lore die einzige Verbindung zum Festland.

Auf der Ketelswarf befinden sich auch die Freiwillige Feuerwehr der Hallig, das Fremdenverkehrsbüro, ein Café und ein Kiosk.

Von der Ketelswarf geht es weiter zur **Kirchwarf**. Dort befindet sich die **Kirche der Hallig Langeness**. Auch sie hat eine wechselvolle Geschichte.

Bereits vor 1362 existierte eine Gemeinde mit Namen Langeness. Ihre Kirche lag etwa einen Kilometer nordwestlich der heutigen Hunnenswarf und ging in der großen Flut, der ersten Großen Mandränke vom 16. Januar 1362, verloren. Danach waren die Langenesser für fast dreihundert Jahre nach Oland eingepfarrt. Bis 1634 bestand nämlich eine feste Landverbindung zwischen Langeness und Oland. In der Burchardiflut von 1634, der zweiten Großen Mandränke, zerbrach die Verbindung. Die kirchlichen Verhältnisse wurden nach dem Verlust vieler Kirchen nun neu geordnet. Langeness erhielt wieder ein Kirchspiel. Bis 1663 mussten die Gottesdienste in einem Privathaus abgehalten werden. Erst 1666 erhielt Langeness einen eigenen Kirchenbau, der bereits auf der heutigen Kirchwarf stand. 1666 wurde auch Butwehl, das bis dahin zur Gemeinde Gröde gehört hatte, nach Langeness eingemeindet. Bereits 1725 musste die Kirche durch einen Neubau ersetzt werden. Die alte Langenesser Kirche sah ein wenig so aus, wie man es heute noch an der Oländer Kirche sehen kann. 1828 erfolgte die Vereinigung der Gemeinden Langeness und Nordmarsch.

1894 wurde schließlich auf den Fundamenten der alten Kirche der heute noch bestehende Kirchenbau errichtet. Das östliche Drittel wurde zunächst abgetrennt und als Schule benutzt. Seit Langeness in den 1960er Jahren eine neue Schule weiter östlich auf der Kirchwarf erhielt, wird der alte Schulraum für Gemeindezwecke genutzt. Neben der Kirche befindet sich das

Traditionelle Bockmühle und der Nachbau von Käpt'n Magdas Segellore.

Pastorat. Das heutige Gebäude stammt aus den 1970er Jahren.

Das **Kircheninnere** der Langenesser Kirche ist wie bei den meisten Halligkirchen älter als die Kirche.

Das älteste Stück der Ausstattung stammt aus dem 13. Jahrhundert. Es befindet sich im Vorraum der Kirche und ist das alte **Taufbecken von Hallig Nordmarsch.** Im Vorraum befindet sich auch eine **Grabinschrift in friesischer Sprache**.

Der **Flügelaltar** wurde 1670 von zwei Langenesser Schiffern gestiftet. Die beiden Schiffer hatte 1666 die Verhandlungen über eine Pfarrstelle für Langeness geführt. Das **Kruzifix über dem Altar** ist eine Schöpfung der Barockzeit mit einer interessanten Darstellung: Ein schwebender Engel fängt mit einem Kelch das Blut Christi auf. Der **Altarleuchter** ist eine Stiftung von 1667. Die **Kanzel** wurde 1696 ebenfalls von Schiffern gestiftet. Sie wurde 1729 neu bemalt und zeigt die vier Evangelisten und Christus.

Das Gertsen-Haus.

Das **Taufbecken** im Altarraum stammt aus dem 16. Jahrhundert und wurde aus einer der 1634 untergegangenen Kirchen des alten Nordstrand geborgen. Das Votivschiff D Vrouw Cornelia stammt von 1928 vom Langenesser Peter Hansen.

Das **Kruzifix an der Nordwand** stammt aus der alten Kirche von Nordmarsch.

An der Westwand befindet sich die **Pastorentafel** mit den Namen aller Langenesser Prediger von 1666 bis 1969. Dann wurde eine neue Tafel begonnen.

Beachtlich ist auch die **Deckenmalerei** mit Geschichten aus dem alten und neuen Testament. Sie stammt von 1731. Osterleuchter von 1990 und Kronleuchter von 1999 sind jüngere Erwerbungen. An der Südwand kann man noch eine **Skulptur** sehen, die vor Langeness im Watt gefunden wurde. Herkunft und Bestimmung sind unbekannt.

Der **Glockenstapel** ist von 1957, die Fahne zeigt das Halligschiff Hoffnung und ist ebenfalls eine Stiftung von Peter Hansen.

Etwas weiter gelangt man auf der rechten Seite zur **Honkenswarf**. Auf der Honkenswarf wirtschaftet der einzige Milchbauer der Hallig, der ganzjährig Tiere hält. Die Bauersleute verkaufen auch Milch und Eier direkt vom Hof. Ebenfalls auf der Honkenswarf befindet sich die **Friesenstube**, ein wieder hergerichteter Pesel. Führungen für Halliggäste finden gegen Eintritt regelmäßig oder nach telefonischer Vereinbarung statt.

Wenn man mutig oder kräftig ist oder viel Zeit hat, kann man auch noch einige Ki-

links: Innenraum der Langenesser Kirche. Mitte: Die Kanzel der Langenesser Kirche von 1696. rechts: Bilegger im Kapitän-Tadsen-Museum.

lometer weiterfahren bis ans Ostende der Hallig, den **Lorenbahnhof**. Aber man muss ja auch den ganzen Weg wieder zurück.

RUNDGANG IN DER MITTE

Kirchwarf – Peterswarf – Sportboothafen – Tadenswarf – Tamenswarf – Christianswarf – Kirchwarf, ungefähr 5 Kilometer plus Wattweg, für Fußgänger.

Diese Tour ist ungefähr ein Rundgang um die alte Hallig Butwehl, die sich zwischen dem Westerwehl und dem Osterwehl befand. Wir beginnen an der Kirchwarf und wenden uns Richtung Westen, biegen links ab. Es geht in Richtung Christianswarf. Um die **Christianswarf** herum gelangt man in einiger Entfernung zur **Tamenswarf** und stößt kurz danach auf die Halligkante. Dort kann man einen bei günstiger Tide kurzen Ausflug ins Watt unternehmen.
Im Watt südwestlich der **Tamenswarf** (man peile ungefähr rechts der Mitte der Nachbarhallig Hooge an) kann man mit Glück nach kurzer Strecke auf Spuren des mittelalterlichen **Salztorfabbaus** stoßen. Es handelt sich um parallele Strukturen, Reste der Soden, die auf die Seite gewor-

Friesenhaus auf Christianswarf.

oben: Tamenswarf im Winter. unten links: Das Postboot bei Niedrigwasser. unten rechts: Jahrtausende alte Baumwurzel im Watt.

fen wurden, um an den darunter liegenden Torf zu gelangen. Der Torf wurde verbrannt und mit Wasser ausgewaschen, zum Sieden gebracht, und endlich erhielt man Meersalz. Der Torfabbau senkte das nur wenig über dem Meeresspiegel liegende Land und machte es noch anfälliger für die Angriffe der See. Später lief das reinere Lüneburger Salz dem friesischen den Rang ab.

Zurück an der Halligkante geht es nach Osten, zur Tadenswarf und von dort weiter Richtung Sportboothafen. Wenn man noch nicht genug vom Watt hat, kann man südlich der Halligkante mit Glück – das Watt ist ein sehr veränderliches Gebiet, manches ist in einem Jahr gut zu finden, ein Jahr später völlig zugeschlickt – jahrtausendealte **Baumstümpfe** finden. Es handelt sich um Reste steinzeitlicher Wälder.

Vom Sportboothafen geht es jetzt wieder auf dem Weg weiter in Richtung Norden. Ein Abstecher führt zur **Peterswarf**, wo die **Schutzstation Wattenmeer** ein Haus unterhält. Die Schutzstation bietet regelmäßig naturkundliche **Hallig- und Wattführungen** sowie **Vorträge** an. Von der Peterswarf geht es dann wieder zurück zur Kirchwarf.

RUNDGANG RICHTUNG OSTEN

Honkenswarf – Peterswarf – Sportboothafen – Neuwarft – Peterhaitz – Hunnenswarf – Honkenswarf, ungefähr 5 Kilometer, für Fußgänger.

Die Tour beginnt an der **Honkenswarf**. Kurze Zeit später biegen wir rechts ab und gelangen dann zum **Sportboothafen**.
Es geht weiter über die Schleuse des Osterwehls an der Halligkante entlang in Richtung Osten. Auf der linken Seite die geschützten Salzwiesenflächen, die zur **Schutzstation Wattenmeer** auf der **Peterswarf** gehören. Je nach Jahreszeit kann man auf diesem Weg sehr schön die verschiedenen **Salzwiesenpflanzen** bewundern, den **Queller** mit seinen Farbveränderungen im Laufe eines Sommers, den **Halligflieder** im Sommer und die **Strandaster** im Spätsommer. Hinter der steinernen Halligkante kann man auf diesem Weg sehr gut den Abtrag der Halligerde durch das Meer erkennen. Man kann sich unschwer vorstellen, wie es ohne den steinernen Schutz aussähe. Von der Steinkante hat man einen guten Blick auf die Halligwelt. Rechts sieht man Hooge, dann kommt nach links Pellworm in Sicht, dann bei klarer Sicht Nordstrandischmoor, die Hamburger Hallig und schließlich Gröde.
Wir erreichen nun **Neuwarft**. Neuwarft liegt so nahe am Meer, dass die Warft teilweise mit in die steinernen Befestigungen einbezogen wurde. Vor Neuwarft liegt oft das Boot des **Postschiffers Fiede Nissen**. Wenn er nicht gerade unterwegs ist, die Post von Schlüttsiel zu holen oder zu den Nachbarhalligen Gröde und Habel zu bringen. Der Postschiffer ist kein Angestellter der Post, sondern freier Unternehmer, der mit der Deutschen Post AG einen Vertrag geschlossen hat, der ihn verpflichtet, in Schlüttsiel den seefesten Postkasten aus Husum in Empfang zu nehmen und die

Abbruch hinter der steinernen Halligkante. Das Niveau der Hallig liegt inzwischen deutlich über dem der Steinkante

Post zu den vier Halligen Langeness, Gröde, Oland und Habel zu bringen. Dazu ist er berechtigt, den gelben Postwimpel an seinem Boot zu setzen. Oft trifft man den Postschiffer auch auf der Lore – dann holt er auf diesem Wege die Post aus Dagebüll.
Von der Neuwarft geht es den Weg, der Richtung Westen einen schönen Blick über die Hallig erlaubt, entlang bis **Peterhaitz**. Auf Peterhaitz – interessanterweise ohne »-warf« befindet sich ein Kapitänshaus aus dem Jahr 1771 mit Nebengebäude. Die Warft mit dem alten Haus befindet sich in Privatbesitz und ist nicht zu besichtigen. Das Haus scheint wunderschön ausgestattet zu sein, viele alte Teile der Inneneinrichtung wie Bileggerofen oder Delfter Kacheln scheinen erhalten. Von dort gelangt man

oben: Strandgrasnelken. Im Hintergrund die Kirchwarf. unten: Das Vorland ist entlang des Lorendamms aufgewachsen. Hinten der Aussichtsturm.

bald zur benachbarten **Hunnenswarf** und von dort die Straße entlang zurück zum Ausgangspunkt.

RUNDGANG IM OSTEN BIS INS VORLAND

Hunnenswarf – Peterhaitz – Neuwarft – Halligkante – Schleuse – Lorenbahnhof – Aussichtsturm – Hunnenswarf, ungefähr 6 Kilometer, für Fußgänger.

Die Tour beginnt an der **Hunnenswarf**. Wir halten uns rechts, passieren **Peterhaitz**, es geht Richtung **Neuwarft**, die schon von weitem am typisch windgebeugten Baum zu erkennen ist. Von der **Neuwarft** geht es Richtung Osten, erst über die Fenne oder an der Steinkante und dann auf dem Steindeich entlang – Vorsicht, wenn man nicht so gut zu Fuß ist! – zur **Schleuse**. Auf der Fenne kann

man bei Hochwasser häufig Gruppen von **Limikolen** rasten sehen. Wir überqueren die Schleuse und folgen nun dem schmalen Weg, der sich den Priel entlang schlängelt. Einer der schöneren Wege auf der Hallig. Man hat einen schönen Blick über die Hallig, dem Fotografen ergeben sich interessante Perspektiven. Rechts lassen wir Bandixwarf liegen, wenden uns nach links und dann Richtung Norden zum **Lorenbahnhof**. Der **Lorenbahnhof** bildet den halligseitigen Endpunkt der Lorenbahn, die Dagebüll mit Oland und Langeness verbindet. Die Loren stehen ungeordnet hintereinander. Möchte jemand seine Lore nutzen, kann das erheblichen Aufwand bedeuten: umschieben, bis die eigene Lore vorn ist.

Wenn Landunter droht, müssen die Loren auf den Warften in Sicherheit gebracht werden. Vom Lorenbahnhof geht es weiter Richtung Nordosten zum **Aussichtsturm** im Vorland, den man schon von ferne sehen kann. Das Vorland ist ein Effekt des **Lorendamms**. Durch die Anlage des Damms wurde die Strömung verändert, so dass vermehrt Sedimentation stattfinden kann und sich für die Halligen Oland und Langeness dort deutliche Landgewinne ergeben haben. Vom **Aussichtsturm** hat man bei guter Sicht einen schönen Rundumblick über die Insel und Halligwelt. Schaut man nach Norden, fällt einem zuerst die große Insel Föhr ins Auge, weiter gegen den Uhrzeigersinn folgt am Horizont Amrum, hinter dem Halligland von Langeness liegt am Horizont Hooge, dann Pellworm, mit Glück erkennt man Nordstrandischmoor und die Hamburger Hallig, dann Gröde und zuletzt die kleine Nachbarhallig Oland.

Vom Aussichtsturm geht es wieder an der Lorenbahn zurück durch die in ihrer Vielfalt beeindruckende **Salzwiese des Vorlandes** über den Lorenbahnhof zur Hunnenswarf. In den Salzwiesen kann man gut **Vögel beobachten**, Limkolen wie der Große Brachvogel sind anzutreffen, aber auch mancher andere Vogel.

oben: Weidezaun im hohen Gras. Mitte: Limikolenschwarm. unten: Der Lorenbahnhof.

13
HALLIG OLAND

Die Hallig Oland ist etwas kleiner als die benachbarte Hallig Gröde. Die Hallig ist knapp 3 Kilometer lang und zwischen 500 und 1.300 Meter breit. Oland besitzt nur noch eine Warft, die Olandwarft, auf der 17 Häuser stehen.

Oland ist wohl die älteste urkundlich erwähnte Gemeinde auf heutigem Halligland. Bereits im legendären Erdbuch des Dänenkönigs Waldemar II. Sejr von 1231 wurde Oland geführt. Oland verlor in den folgenden Jahrhunderten an der Westseite massiv Land, zwei der drei Warften gingen noch im frühen 19. Jahrhundert verloren. 1896 erhielt die kleine Hallig eine Steinkante. Zur Materialversorgung errichtete man einen Damm nach Fahretoft, der bereits nach zwanzig Jahren ein Raub der See wurde. 1925 bis 1927 entstand dann der nächste Damm. Der Damm in seiner heutigen Form ist erst wenige Jahre alt. Durch Landgewinnungsmaßnahmen am Damm erhielt Oland an der Ostseite einen Teil der im Westen verlorenen Fläche zurück.

Oland hat zurzeit knapp 20 Einwohner, besitzt eine Kirche, allerdings ohne eigenen Geistlichen, und ein Gasthaus, das nur auf Anfrage öffnet. In der Schule wird derzeit ein Kind von einer Lehrerin unterrichtet,

oben: In der Olandwarft. Die weißen Zäune um den Fething prägen das Bild. unten links: Lachmöwe am Oländer Hafen. unten rechts: Die Gärten auf Oland sind mit viel Mühe angelegt.

bald wird diese Zwergschule ruhen. Oland besitzt keinen Laden.

Der Ausflugsgast erreicht Oland entweder mit dem Ausflugsschiff oder im Rahmen einer Wattwanderung von Dagebüll oder Langeness. Feriengäste jedoch werden von den Gastgebern in der Regel mit der Lore in Dagebüll abgeholt.

»Willkommen auf Oland«. rechts: Der kleine Hafen von Hallig Oland in winterlicher Ruhe.

Bis zum verlorenen preußisch-dänischen Krieg von 1864 gehörte das Herzogtum Schleswig mit den Halligen und Inseln Nordfrieslands zum Königreich Dänemark. Der dänische König Christian VIII. verbrachte in den Jahren 1842 bis 1847 im Sommer gern einige Zeit im aufstrebenden Badeort Wyk auf Föhr. Von dort besuchte er mit seinem Gefolge gerne die kleine Hallig Oland – ein Umstand, von dem die Oländer heute bemerkenswert wenig Aufhebens machen. Mehrere Besuche des Königs sind in zeitgenössischen Berichten festgehalten.

Im Jahre 1844 gehörte zum Gefolge König Christians VIII. der Schriftsteller Hans Christian Andersen. In seinem Lebensbericht Das Märchen meines Lebens beschrieb Andersen seinen damaligen Besuch auf Oland, der für den Dichter nicht ganz ohne Schwierigkeiten gewesen zu sein scheint.

» *Oland, das wir aufsuchten, hat eine kleine Ortschaft; die Häuser stehen eng beieinander, als wollten auch diese sich in der Not zusammendrängen, sie sind sämtlich auf einem Balkenrost errichtet und haben kleine Fenster wie die Schiffskajüten; hier in dem getäfelten Stübchen sitzen halbe Jahre lang einsam an ihrem Spinnrocken Frauen und Töchter; hier gibt es immer eine kleine Büchersammlung, ich fand dänische, deutsche und friesische Bücher; und während sie hier drinnen lesen und arbeiten, steigt das Meer rings um die Häuser, die dann daliegen wie verlassene Wracks; bisweilen treibt nächtlicherweise ein Schiff hier an, stößt auf Grund und strandet.*

Bei der Sturmflut 1825 wurden Häuser und Menschen weggespült, halbnackt saßen sie Tage und Nächte auf den Dächern, bis diese versanken; der Kirchhof ist halb weggespült, Särge und Leichen ragen aus der Brandung hervor, es ist ein erschütternder Anblick, und dennoch lieben die Halligbewohner ihre kleine Heimat, sie könnten es nicht aushalten, auf dem Festland zu bleiben, sie werden hierher zurückgetrieben, am Heimweh leidend.

Mit den königlichen Herrschaften besuchte ich die Insel; das Dampfschiff, das uns trug, blieb weit draußen liegen, es gab ein paar Boote, die uns an Land brachten; ich hatte mich bescheiden so lange zurückgehalten, dass ich selbst mit dem letzten Boot fast nicht mehr mitgekommen wäre, und erreichte Oland gerade als der König umkehrte.

›Kommen Sie erst jetzt?‹ sagte er freundlich, ›aber beeilen Sie sich nicht, sehen Sie sich richtig um, lassen Sie das Boot ruhig warten! Sehen Sie sich den alten Kirchhof an, und gehen Sie dort ins Haus, und betrachten Sie die hübsche junge Frau.‹

Die Bewohner waren damals gerade alle auf Seefahrt in Grönland und Holland, nur

Mädchen und Frauen empfingen uns; das einzige Mannsbild auf der Insel war erst kürzlich vom Krankenlager aufgestanden. Vor der Kirche hatte man eine Ehrenpforte errichtet aus Blumen, die man von Föhr geholt hatte, aber sie war so klein und niedrig, dass man außen um sie herumgehen musste; aber man sah den guten Willen. Den einzigen Baum der Insel, einen Rosenstrauch, hatte man abgeschnitten, um ihn über eine sumpfige Stelle zu legen, über die die Königin gehen musste; das rührte die Königin tief.
Die Mädchen sind hübsch und halb orientalisch gekleidet; sie behaupten auch, in gerader Linie von den Griechen abzustammen. Die Gesichter sind fast halb verhüllt, und unter dem Kopftuch tragen sie einen roten griechischen Fes, um den das Haar in einem Zopf geschlungen ist. Ich sah den Kirchhof, sah die hübsche Frau in ihrem Haus, und als ich wieder zum Dampfschiff kam, gingen wir zur Tafel; als diese beendet war und unsere Segelfahrt durch eine Inselgruppe führte, wurde angesichts des schönen Sonnenuntergangs das Schiffsdeck in aller Eile als Tanzsaal hergerichtet.«

IN DER OLANDWARFT

Die Warft ist wie die Halligwarften in alter Zeit ein kleines Dorf. Die Häuser drängen sich um den zentralen Fething, den einzigen, den man nach dem Anschluss ans Wassernetz noch belassen hat. Es gibt eine **Gastwirtschaft**, die kleine **Halligschule**, das **Gemeindehaus** im ehemaligen **Pastorat** und die **Halligkirche**. Die Warft ist nach der letzten Erhöhung umgeben von einem niedrigen Ringdeich. Oland trägt nicht umsonst den Namen »Die Liebliche«. Die Häuser und Gärten sind auf das liebe-

vollste gepflegt, das Warftinnere bietet eine ungemein anheimelnde Atmosphäre mit all den Blumen. Wer jemals den Herrn der Ringe gelesen hat, der fühlt sich sofort an das Auenland erinnert.

Oland besitzt noch eine Besonderheit: den einzigen reetgedeckten **Leuchtturm** Deutschlands. Der kleine Leuchtturm besitzt eine Gürtellinse und ist ein Quermarkenfeuer für das Föhrer Ley und das Dagebüller Fahrwasser.

Eine **Kirche** der Gemeinde Oland findet erstmals bereits kurz nach der Katastrophenflut von 1362 Erwähnung. Oland war bereits eine Hallig. Jedoch hat die Gemeinde im Gegensatz zu vielen anderen nicht ihre Kirche verloren. Die Kirche befand sich zu dieser Zeit als bescheidener Holzbau auf der Knudswarft im Westen der Hallig. Anfang des 18. Jahrhunderts wurde die Holzkirche abgetragen und 1709 ebenfalls auf der Knudswarft durch einen steinernen Kirchenbau ersetzt. Nicht einmal hundert Jahre später lag Knudswarft jedoch bereits so nah am Halligabbruch, dass die Kirche 1824 auf die weiter im Westen gelegene große Oländer Warft versetzt wurde, auf der sie bis heute steht.

Die neue Kirche entstand als backsteinerner Saalbau mit Reetdach. Die Giebel sind mit Brettern verschalt. Die Nordtür ist zugemauert. An der **Südtür** findet man oberhalb die **Bauinschrift** aus dem Jahre 1709. Das älteste Stück im Innenraum ist die schlichte **romanische Taufe** aus dem 12. bis 13. Jahrhundert. Über der Taufe hängt an der Nordwand ein **Kruzifix** aus dem 13. Jahrhundert. Ebenfalls an der Nordwand ein **Apostelfries** aus dem frühen 15. Jahrhundert. Er besteht aus einem sitzenden Christus und zwölf Figuren, eine 13. Figur, der Apostel Petrus, befindet sich an der

links: König Christian VIII von Dänemark erholte sich oft auf der Insel Föhr. Dabei besuchte er auch gerne die Hallig Oland. Mitte: Das Innere der Oländer Kirche. rechts: Die Kanzel von 1620 und das Votivschiff von 1733.

Nordwand neben dem Altar. Die Figuren stammen vermutlich aus zwei in der Flut von 1634 versunkenen Kirchen.

Die **Kanzel** aus dem Jahr 1620 stammt vermutlich aus der Werkstatt des Flensburger Meisters Hinrich Ingeling. Sie zeigt in drei Feldern Reliefschnitzereien, die den Sündenfall, die Geburt Jesu und das Jüngste Gericht darstellen.

An der Decke der Oländer Kirche hängt, wie in Halligkirchen üblich, ein **Votivschiff**. Es handelt sich um ein dänisches Kriegsschiff von 1733 mit dem Namen Olandts Wolfahr.

Ebenfalls an der Nordwand befindet sich das **Epitaph für den Schiffer Ipke Paulsen**, der uns auch den Bericht über seine Entführung durch die Barbaresken-Piraten hinterließ. Das Epitaph zeigt die fünfzehnköpfige Familie des Stifters, sie knien alle vor dem gekreuzigten Christus. Einige Familienmitglieder waren zum der Zeit, als das Bild fertig wurde, bereits verstorben, eine kleines Kreuz über ihren Köpfen symbolisiert dies. Das Bild wird um 1700 entstanden sein, der Maler ist unbekannt.

Auf dem Friedhof befindet sich auch der **Glockenstapel** aus dem Jahre 1927. Die **Glocke** aus dem Jahr 1896 ist ein Geschenk des preußischen Königs. Auf dem Friedhof ist auch das **Grab des Halligdichters Wilhelm Lobsien**. Direkt daneben liegt der letzte Pastor von Oland begraben.

Im Jahr 1882 wurde die Pfarrstelle auf Hallig Gröde mit der auf Oland verbunden. Seit 1969 bilden die drei Halligen Langeness, Oland und Gröde eine Kirchengemeinde. Das Oländer Pastorat war nun frei und wurde einer neuen Nutzung als Gemeindehaus und Haus des Sommergastes zugeführt.

oben: Oland besitzt einen der kleinsten und den einzigen reetgedeckten Leuchtturm Deutschlands.
unten: Wilhelm Lobsien wurde vor allem durch den »Halligpastor« bekannt.

Ein weiterer Bericht über einen königlichen Besuch stammt vom Sohn des damaligen Oländer Pastors Johann Rhode Friedrich Augustiny, der von 1833 bis 1844 auf der Hallig wirkte. Der Pastor empfing Seine Majestät, führte ihn auf der Warft herum

und stellte ihm einige Halligleute vor. Sein Sohn Friedrich berichtete später über Besuche Christians VIII. in den Jahren 1841 bis 1843:

» *Auf der Hallig geschah alles, was in den geringen Mitteln und Kräften der Bevölkerung stand, dem kleinen Lande einen festlichen Anstrich zu geben. Zahlreiche Flaggen und Wimpel wurden gehißt, die Häuser geschmückt und die Straßen mit Blumen bestreut. Die Bewohner, alte und junge, legten ihre Sonntagskleider an und begaben sich, als das Königsschiff sich der Hallig näherte, ans Ufer, um den Landesvater zu begrüßen. Beim Betreten des Landes sprach ein junges Mädchen ein von meinem Vater verfaßtes Gedicht, dessen Manuskript der König gnädigst anzunehmen geruhte. Der erste Gang führte in die Kirche. Von dieser ging es in das daneben liegende Pastorat, in dem ein Glas frische Milch genossen wurde.*

Danach wurden verschiedene andere Häuser durch den hohen Besuch geehrt, so das des alten 90jährigen ehemaligen Schiffskapitäns Frerk Petersen. Dessen ganze Zimmerausstattung bestand aus einem Tisch, einem großen mit Leder bezogenen Lehnstuhl und einem Koffer, der auch als Sitz diente, wenn der Alte in seinem Zimmer Besuch empfing. Auf diesen wollte sich auch der König setzen, damit der alte Mann auf seinem Großvaterstuhl sitzen bleiben konnte. Das nahm dieser unter keinen Umständen an und so setzte sich dann der König auf diesen Stuhl.

›Für einen so alten Mann‹, bemerkte der König, ›ist dieser Stuhl nicht gerade besonders bequem; ich werde Ihnen einen bequemeren schicken.‹

Schon am folgenden Tag brachte ein Bootsmann einen sehr geschmackvollen, mit Sprungfedern versehenen Großvaterstuhl, der von den Kindeskindern des alten Kapitäns in hohen Ehren gehalten wurde.

Danach führte mein Vater den König in das Haus einer sehr armen Witwe – sie hieß Siek –, die wegen gichtischen Leidens den Weg zum Ufer nicht hatte mitmachen können. Sie redete der König, der kein Friesisch konnte, in plattdeutscher Sprache an:

›Se kann nich to mi kamen, Mudder, dorüm komm ick to Ehr; seh Se mi mal an, ick bin de König.‹

Ganz verlegen antwortete die Alte: ›Ach, leewer Gott, is He de König? Sedd He sick doch en betjen dahl, si He doch so gud.‹

Für diese Frau ließ der König ein ansehnliches Geldgeschenk zurück. – Das Herannahen der Ebbe mahnte zum Aufbruch.

Im nächsten Jahr wurden wieder andere Häuser besucht; die alte Siek ruhte schon auf dem Kirchhof, während der alte Frerk Petersen sich auf dem Königsstuhl wohl fühlte.

Noch einmal, im Jahre 1843 besuchte Christian VIII. Oland und dieses Mal in Begleitung der Königin Caroline Amalie, einer geborenen Prinzessin aus dem Hause Augustenburg. Da nun auch der alte Frerk Petersen heimgegangen war, beschränkte sich der Besuch auf ein einziges Haus außer dem Pastorat. Das war das unserer Nachbarin, Tine Frerksen, deren Mann auf See geblieben war und deren Tochter der Königin einen Blumenstrauß überreicht hatte. Als der König erfuhr, dass das junge Mädchen Braut sei, sandte er diesem einige Tage später ein Kaffeeservice.« (Joachim Wergin, Halligleben, Quickborn 1997)

RUNDGANG AUF DEM OLÄNDER SOMMERDEICH

Oland erhielt 1965 bis 1967 den **Sommerdeich**, um die Heuernte vor Hochwasser zu schützen. Auch der kleine **Hallighafen** entstand damals so wie er heute noch ist.

Wir beginnen unseren Rundgang im kleinen Hafen und gehen in Richtung Westen rund um das Hafenbecken. Der kleine Hafen ist von Ausflugsschiffen nur bei Hochwasser anzulaufen. Viele Oländer besitzen zum Eigenbedarf kleine Boote. Aber der Warenverkehr läuft über den Lorendamm.

Am Horizont erkennt man von links nach rechts die Halligen Habel und Gröde, dann die Insel Pellworm mit den Windrädern, es folgt Hallig Hooge am Horizont und zuletzt Hallig Langeness.

Es geht weiter im Uhrzeigersinn um die Hallig zum Lorendamm, der hier Oland verlässt und durch das Watt nach Langeness weiterführt. Hinter dem Lorendamm bleiben wir an der Kante und gelangen auf den Sommerdeich. Man kann Oland auf dem Sommerdeich in einer guten Stunde umrunden, aber wenn man die Augen offen hält und den Blick ins Watt schweifen lässt, kann man zahlreiche, verschiedenartige Vögel entdecken – und braucht dann deutlich länger. Oft kann man von einem Ufer zum anderen sehen.

Im Osten der Hallig kann man über die gut 100 Hektar Neuland schauen, die am Damm gewonnen wurden und die ein vorzüglicher Brut- und Rastplatz für die vielen Vögel sind. Steht man sommers im Osten der Hallig auf dem Deich, kurz nachdem man die Schienen der Lorenbahn überquert hat, lohnt es sich, den Blick in Richtung Festland zu wenden. Wenn man Glück hat, entdeckt man die **Löffler**, die auf Oland eine Brutkolonie haben, über dem Halligland aufsteigen. Es sind schöne weiße Vögel, mit den Ibissen verwandt. Man kann sie auf Oland oder im Hauke-Haien-Koog beobachten.

oben: Auf dem Sommerdeich kann man die Hallig umrunden. unten: Das Fahrwasser zur Hallig Oland.

Oland ist, wie alle Halligen, von einigen Prielen durchzogen, aber längst nicht so zerklüftet wie Gröde. Auf den Wiesen grast im Sommer das Pensionsvieh, im Winter rasten dort Vögel.

Innerhalb der Hallig verläuft ein Wirtschaftsweg, auf dem man, will man als eiliger Tagesgast nicht die ganze Hallig umrunden, etwas abkürzen kann.

14
HALLIG HOOGE

›› Die Häuser sind hier, damit die Fluth sie nicht erreiche, auf Warften, die 12 bis 14 Fus über die gewöhnliche Fluth hoch sind, gebaut. In jedem Warfte giebt es eine, oder mehrere Fehdinge ...« (E.C. Kruse: Beschreibung der Insel Hoge, 1794)

Hallig Hooge ist mit knapp 6 Quadratkilometern die zweitgrößte der Halligen im nordfriesischen Wattenmeer. Die Hooger nennen sie selbst stolz »Königin der Halligen«. Es gibt elf Warften, eine ist unbewohnt. Hooge hat ungefähr 100 Einwohner. Es gibt einen Kaufmann, ein Hotel, einige Gaststätten, mehrere Gruppenunterkünfte, eine Grund- und Hauptschule, eine Krankenpflegestation und mehrere Museen. Für die Gäste stehen auch Ferienwohnungen zur Verfügung.
Die Herkunft des Namens »Hooge« ist nicht ganz klar. Möglicherweise bedeutet es »die Hohe«, weil Hooge ein wenig höher aufgewachsen ist als die anderen Halligen. Eine Gemeinde mit dem Namen Hooge gab es bereits vor 1362, sie versank in der ersten Großen Mandränke, Spuren des Friedhofs befinden sich weit draußen im Watt, westlich der Hallig. Im Laufe der Jahrhunderte büßte Hooge wie alle Halligen deutlich an Fläche ein und verlor manche Warft, deren Spuren man mit Glück noch draußen im Watt finden kann.
Hooge nimmt unter den zehn Halligen eine gewisse Sonderstellung ein. Denn Hooge besitzt seit 1916 einen Sommerdeich. So meldet die Hallig nur noch bei höheren Fluten Land unter. Das hat zur Folge, dass die einst auf den Halligen allgegenwärtige Salzwiesenflora weitgehend auf die Prielkanten und das Vorland beschränkt ist. Große Priele bestimmen das Aussehen der Hallig. Früher waren sie Verkehrswege, heute gibt es Straßen und Brücken.
Ein wenig Weidewirtschaft wird auf Hooge noch betrieben. Meistens entweder mit

oben: Das Lichtspiel der Wolken ist nirgends so schön zu sehen wie auf der Hallig. unten: Man ist nie weit vom Meer.

oben: Der Strandkorb - typisch für die deutsche Küste. unten links: Zu Fuß unterwegs. unten rechts: Im Sommer kommen auch viele Segler nach Hooge.

Pensionsvieh, das Landwirten auf dem Festland gehört und sommers auf der Hallig ist, oder mit eigenem Vieh, das den Winter am Festland verbringt. Zwei Landwirte besitzen noch eigene Stallungen. Aber niemand lebt ausschließlich von der Landwirtschaft. Es gibt einige Stellen im Küstenschutz.

Der Tourismus und alles, was damit zu tun hat, stellt aber auf Hooge die Haupteinnahmequelle dar, und man versucht manches, um die Hallig für die Gäste attraktiv zu halten. Der Gast erreicht die Hallig entweder mit dem Ausflugsschiff oder mit der regelmäßigen Fährverbindung ab Schlüttsiel.

Hooge hat von allen Halligen die meisten Tagesgäste. Doch wenn man sich in der Hauptzeit zwischen 11.00 und 16.00 Uhr etwas abseits hält vom Dreieck Hanswarft-Kirchwarft-Backenswarft bekommt man vom Trubel kaum etwas mit und kann die schöne Hallig unbeschwert genießen. Am besten erkundet man die Hallig in aller Ruhe allein oder zu zweit zu Fuß oder mit dem Rad.

RUNDGÄNGE AUF HALLIG HOOGE

Der Sommerdeich hat für den Gast einen Vorteil: Man kann auf ihm relativ komfortabel die Hallig umrunden, lediglich das Westende ist etwas unbequem, und am Hafen muss man einen kleinen Umweg gehen. Aber mit 12 Kilometern ist der Weg, der einmal um die Hallig führt, ein schöner, ausgedehnter Spaziergang.

Die klassische Tour der Tagestouristen ist auch der betriebsamste Teil der Hallig, dort fahren die Kutschen, dort laufen die Tagesgäste. Wenn man sich etwas abseits halten möchte, hat man jedoch viele Wege

zur Auswahl. Einige möchten wir auf den folgenden Seiten vorstellen. Da sie in der Regel erheblich Anteile auf dem Deich beinhalten, sind sie den Fußgängern vorbehalten, denn auf dem Deich ist Radfahren nicht erlaubt. Radfahrern sei empfohlen, die Hallig auf den Straßen zu erkunden.

DIE TOUR DER TAGESGÄSTE

Anleger – Backenswarft – Kirchwarft – Hanswarft – Anleger, ungefähr 3,5 Kilometer. Auch mit der Kutsche möglich.

Böse Zungen nennen diese Tour Bermudadreieck, weil man dort vor lauter Betriebsamkeit von der Ruhe und Beschaulichkeit der Hallig wenig mitbekommt. Die Halligkirche und auch die Museen sind dennoch Ziele, die anzusteuern sich lohnt. Ein Tagesausflug ist geeignet, um schnell einige Eindrücke mitzunehmen. Es gilt aber, wie eigentlich für alle Halligen: Nach einem Tagesausflug hat man die Hallig gesehen. Nach einem Urlaub hat man die Hallig erlebt.

Am **Anleger** beginnt und endet für die meisten Gäste jeder Halligaufenthalt. Hier legt die Fähre an. Der Fähranleger ist noch verhältnismäßig neu. Auch die Ausflugsschiffe kommen am Anleger an, alle Touren der Tagestouristen nehmen hier ihren Ausgang. Es geht weiter zur Backenswarft. Auf der **Backenswarft** gibt es ein **Restaurant** und ein **Café**. Wir folgen dem Weg entlang der Warft nach rechts und sehen in Hintergrund schon die Kirchwarft. Der Weg führt sehr schön am Priel entlang. Über den Priel führt kurz vor der Kirchwarft der Nachbau eines **Stocks**, einer der alten Brücken, die

Nachbau eines Stocks, der typischen schmalen Halligbrücke, bei der Kirchwarft.

die Priele querten, bevor es Straßen gab. Auf der **Kirchwarft** befinden sich die **Halligkirche**, das **Pastorat** und der **Halligfriedhof**. Das Pastorat ist übrigens das größere und jüngere der beiden Gebäude. Bereits im 13. Jahrhundert existierte vermutlich ein Kirchspiel namens Hooge. Es soll südlich oder westlich der heutigen Hallig gelegen haben und mit Pellworm landfest gewesen sein. Kirche und Dorf versanken in der ersten Großen Mandränke, der Marcellusflut vom 16. Januar 1362, als auch das legendäre Rungholt versank. Die Bewohner der Hallig Hooge wurden nach der Alten Kirche auf Pellworm eingepfarrt. Damals konnte man noch trockenen Fußes von der Hallig zur Insel gelan-

links: König Frederik VI von Dänemark. Mitte: Das kleine Heimatmuseum enthält die Sammlung des ehemaligen Postschiffers Hans von Holdt. rechts: Bilegger im Königspesel.

gen. Man sagt, in der Mitte des Priels habe ein Pferdekopf gelegen, auf dem man von Pellworm nach Hooge habe hinübertreten können.

Der Priel wurde im Lauf der Jahre aber immer breiter und tiefer, bis er schließlich das heutige Rummelloch wurde. Etwa 1580 erhielt Hooge dann einen eigenen Prediger, zunächst einen Kaplan. Gottesdienst wurde im späteren Armenhaus auf Hanswarft gehalten. Um 1618 erhielt die Gemeinde den ersten eigenen Pastor.

Im frühen 17. Jahrhundert erhielten die Hooger die herzogliche Erlaubnis zum Bau der ersten eigenen Kapelle. Dafür wurde ihnen ein eigener Ort ausgewiesen. Diese frühe Kapelle ist wohl in den Fluten Anfang des 17. Jahrhunderts wieder verloren gegangen. 1624 begann man mit dem Aushub für eine neue Kirchwarft. Bis die Gemeinde aber ihre erste eigene Kirche erhielt, dauerte es noch einige Zeit. Erst Jahre nach der zweiten Großen Mandränke, der Burchardiflut vom 11. Oktober 1634, konnten die Hooger mit dem Bau beginnen. Zwischen 1637 und 1642 wurde gebaut, 1642 konnte die neue Kirche endlich dem Hl. Johannes geweiht werden.

Die **Einrichtung der Hooger Kirche** ist älter als die Kirche selbst. Sie stammt in weiten Teilen aus der erst 1624 errichteten Kirche des Alt-Nordstrander Ortes Osterwohl. Diese Kirche ging mit ihrer Gemeinde 1634 unter. Ihre Backsteine, das Gestühl, die Taufe, die Kanzel und das Chorgitter fanden in der neuen Hooger Kirche ihre Verwendung.

Im Jahre 1743 stiftete ein dankbarer Hooger Walfänger die **Walfischtür** der Kanzel. Sie zeigt eine Walmutter mit ihrem Jungen. Aus dem 18. Jahrhundert stammen auch die **Apostelbilder** an der Orgelempore.

Die **Westwand** der Hooger Kirche stammt aus dem Jahr 1825, als nach der großen Halligflut der Dänenkönig Frederik VI. Hooge besuchte und das Geld für die Erneuerung der schwer beschädigten Wand stiftete. An den Besuch des Königs erinnert die dänische Fregatte, die als **Votivschiff** an der Kirchendecke hängt. »Fredreig.D.6.« steht auf ihrem Heck. Auch die **querovale Tafel über der Südtür** erinnert an des Königs Besuch. Das **Kruzifix an der Südwand** stammt aus dem frühen 16. Jahrhundert. Es wurde als Strandgut nach der Halligflut 1825 an der Hooger Halligkante gefunden. **Altar und Altaraufsatz** aus dem Jahr 1857 befinden sich erst seit einer Renovierung 1931 in der Hooger Kirche. Sie stammen ursprünglich aus der Kirche von Klanxbüll. Auch die Farbgebung der Kirche stammt von 1931 und wurde in Anklang an die Farben der traditionellen Friesenstuben gewählt.

Der **Boden der Kirche** besteht seit jeher aus Muschelsand. Durch ihn kann eingedrungenes Wasser wieder ablaufen. Vergleicht man das Bodenniveau der Kirche mit dem Warftniveau, bemerkt man, dass immer wieder Warfterhöhungen stattgefunden haben.

Das **Glasfenster** mit dem Motiv der Rettung Petri aus Seenot ist eine Stiftung. Im Jahr 1919 fuhr Bandik Feddersen aus Hamburg von Föhr nach Hooge, um dort seinen Bruder zu besuchen. Unterwegs ging er über Bord, geriet in Lebensgefahr und glaubte sich verloren. Erst in letzter Minute wurde er gerettet. Aus Dankbarkeit stiftete er der Hooger Kirche das Fenster.

Der **Glockenstapel** vor der Kirche besteht aus vier Eichenpfählen. Alle wurden in den vierziger Jahren des 19. Jahrhunderts an der Hooger Halligkante angespült.

Das **Pastorat** stammt aus dem Jahr 1907 und ist eine Spende der damaligen Kaiserin. Der Grabstein der letzten Bewohner der untergegangen **Hayenshallig** befindet sich an der Südostwand der Kirche. Es ist nur ein Todesfall eingetragen, der Raum für zum Zeitpunkt der Steinmetzarbeiten noch lebende Familienmitglieder blieb frei.

oben: Die großen Priele mündeten früher direkt ins Meer. Heute enden sie teilweise an der Halligkante und sind durch Siele geleitet. unten: Nebel über der abendlichen Hallig.

oben: Der Kirchhof von Hallig Hooge. Mitte: Innere der Hooger Kirche zu Weihnachten. unten: Fething auf Hanswarft.

Auf dem **Friedhof** befinden sich die Gräber der Hooger und anderer Verstorbener.
Geht man ein wenig links um die Kirche herum, findet man das Grab des Vogelwarts von Hallig Norderoog, **Jens Sørensen Wand**. Der legendäre »Vogelkönig« kam 1950 im Watt zwischen Hooge und Norderoog um. Seine Leiche trieb auf Hooge an.
An der Wand befindet sich eine Gedenktafel, die an den Hooger **Kapitän Haye Laurenzen** erinnert, der 1794 in der französischen Revolution das Leben des **Duc de Province** rettete und dafür ausgezeichnet wurde.
Unter dem Kreuz für Heimatlose liegen drei namenlose Marineangehörige, die nach der Skagerrakschlacht 1916 an der Hallig angetrieben worden waren.
Am Montag ist der Feriengast gebeten, den Friedhof nicht zu besuchen, weil dann die Hooger selbst die Gräber ihrer Lieben besuchen und pflegen.
Wir gehen weiter in Richtung Osten zur **Hanswarft**. Die Hanswarft ist bis heute die größte Warft der Hallig Hooge. Die Ost-West-Ausdehnung der Warft beträgt 200 Meter.
Die Hanswarft ist so etwas wie Hooges Hauptort. Auf der Hanswarft befinden sich die die meisten Geschäfte, so auch der **Halligkaufmann**, mehrere **Gaststätten** und »**Uns Halligbus**«, das das **Gemeinde- und Tourismusbüro** und die **Sanitätsstation** des Krankenpflegers enthält. Auch das **Heimatmuseum** mit der Sammlung des ehemaligen Heimatforschers und Postschiffers Hans von Holdt, das **Sturmflutkino** und ein Leseraum befinden sich auf der Hanswarft.
Die **Schutzstation Wattenmeer** betreibt auf der Hanswarft das **Wattenmeerhaus** mit Ausstellungsbereich, Seminarräumen und Gruppenunterkunft. Ein Hauptanziehungspunkt gerade für Tagestouristen ist

oben: Die stolzen Kapitäne ließen ihre Schiffe auch gerne als Fliesenbilder verewigen. Mitte: Der Alkoven, in dem der dänische König Frederik VI 1825 notgedrungen nächtigte. unten: Der eilige Gast kann die Tour auch per Kutsche absolvieren.

der **Königspesel**. Dort gibt es regelmäßig Führungen. Für den Königspesel werden auch eigene Führungen für Halliggäste angeboten, nachdem die Tagestouristen weg sind. Dann ist die Gruppe oft kleiner und man sieht deutlich mehr.

Der Eigentümer des Hauses auf der Hooger Hanswarft, in dem sich der Königspesel befindet, war früher ein erfolgreicher Kapitän namens Tade Hans Bandix. Er fuhr von 1748 bis 1777 für eine Amsterdamer Reederei von der Ostsee bis in den Fernen Osten. Der **Pesel** von Kapitän Bandicks wurde 1776 prächtig mit Fliesen aus dem niederländischen Delft ausgestattet. Der Kapitän ließ voller Stolz auch seine Schiffe als **Fliesenmalerei** verewigen. Im Pesel befindet sich auch ein prächtiger gusseiserner **Bileggerofen** vom Ende des 17. Jahrhunderts, eine überaus sinnreiche Erfindung: der Ofen wurde von der nebenan liegenden Küche mit Heizmaterial bestückt. So blieb die gute Stube sauber.

Nach der schweren Sturmflut von 1825 wollte sich der dänische König **Frederik VI.** ein Bild von der Lage auf Hallig Hooge machen:

» *Den 2ten Juli des 1825ten Jahres 3 ½ Uhr kamen Se. Majestät der König Friedrich VI. von Pellworm hier an mit seiner Suite […] besah die zertrümmerten Wohnungen in der Nähe und Ferne auf Ockenswarft und Hanswarft und bezeugte herzliche Teilnahme. Er logierte bei der Wittwe Stienke A. B. Hansen (Edleffs) auf der Hanswarft, in dem schönsten Haus der Insel. Se. Majestät musste den 2ten Juli hier über bleiben, da der Wind heftig aus Nordwest blies und die niedrigen Stellen unter Wasser gesetzt wurden […].« (Bericht über die königliche Reise, aus: Günter Schirrmacher: Hallig Hooge, Breklum 1990)*

oben: Kamille blüht auf dem Deich. Hinten: Backenswarft. Mitte: Die Kirchwarft. unten: Heuernte bei Ockenswarft.

Der König nächtigte im Alkoven, dem Wandbett, im dem Raum, der seit seinem Aufenthalt Königspesel heißt.
Die zentrale Stellung von Hanswarft mit den vielen Sehenswürdigkeiten zieht im Sommer große Gruppen von Tagesgästen an, die die Drei-Warften-Tour über Backenswarft, Hanswarft und Kirchwarft absolvieren. Dann ist dem Ruhe suchenden Feriengast geraten, sich etwas an den Rand der Hallig zurückzuziehen.

EIN GANG NACH OSTEN

Anleger – Sommerdeich – Landsende – Ockenswarft – Hanswarft – Backenswarft – Anleger, ungefähr 6 Kilometer. Für Fußgänger.

Wir wenden uns am Anleger gleich nach Osten und gehen auf dem **Sommerdeich** entlang. Kurz vor der **Stöpe** sieht man rechts einen traditionellen Stock über einen Priel, der nachgebaut wurde. Wir überqueren die Stöpe. Eine Stöpe ist ein äußerst sinnreiches Konstrukt, das vollkommen ohne Maschinenkraft zulässt, dass nach einem Landunter das Wasser durch den Deich ablaufen kann, zugleich aber verhindert, das Wasser von außen hereinlaufen kann.
Auf dem Deich blüht im Sommer wunderschön die **Kamille**. Links am Deichfuß und im Vorland kann man eine der größeren **Salzwiesenflächen** bewundern mit **Queller, Halligflieder, Strandwermut oder Strandaster** und all der Pracht der Salzwiesenflora. In den Fennen am Weg rasten und brüten verschiedene Vogelarten.
Kurz vor Landsende sieht man links den **Lütt Japsand**, den kleinen Japsand. Er ist Rastplatz für viele Vögel und Brutplatz für die seltene **Zwergseeschwalbe**. Deshalb sollte man ihn von Frühjahr bis Herbst nicht betreten. Schließlich erreichen wir **Landsende** mit seiner weit ins Meer ragenden Mole. Früher war hier der Anleger, über den die Gäste über Pellworm nach

Hooge kamen, dann lagen dort Fischkutter. Heute legt nur noch ein kleines Ausflugsschiff von Pellworm regelmäßig am Landsende an.

Beim Rundblick hat man ein schönes Bild der Halligwelt vor sich. Ganz links sieht man die Hallig Langeness, dann folgt Gröde, bei ganz klarer Sicht kann man die Hamburger Hallig erkennen, das Festland, manchmal sogar die hohen Getreidesilos in Husum. Lüttmoor mit den charakteristischen vier Warften folgt, die Windräder von Nordstrand, Pellworm und schließlich Süderoog und Norderoog.

Wir kehren dem Meer den Rücken zu und wenden uns zur **Ockenswarft**. Sie liegt im Südosten der Hallig. Boyens Gasthaus auf der Ockenswarft war seinerzeit das erste Hooger Gasthaus, als die Gäste noch über Landsende kamen. Heute existiert es nicht mehr. Seit Anfang der 1960er Jahre steht auf der Ockenswarft der auffällige Fernmeldemast. Auf der Ockenswarft befindet sich auch die Pumpstation, die die Hallig mit fließendem Wasser versorgt. Weil nur noch ein **Fething** von ehemals dreien belassen wurde, verfügt die Ockenswarft heute über recht viel Platz im Warftinneren.

Von der Ockenswarft geht es über die Straße zur **Hanswarft** und von dort über die **Backenswarft** zurück zum **Anleger**.

Früher lagen regelmäßig Fischkutter am Landsende, heute ist das nur noch in Ausnahmen der Fall.

NOCH EIN GANG NACH OSTEN

Hanswarft – Ockenswarft – Landsende – Sommerdeich – Hanswarft, ungefähr 5 Kilometer. Für Fußgänger.

Von der **Hanswarft** geht es zur **Ockenswarft** mit dem großen Fernmeldemast und von dort zum **Landsende**. Dort wenden wir uns nach rechts Richtung Westen. Auf dem Sommerdeich kann man bequem laufen und dabei die Aussicht auf das Meer genießen. Wenn man vor Ockenswarft genau auf die Fennen achtet, kann man insbesondere eine gerade, niedrige Erhöhung wahrnehmen. Es handelt sich um den Rest des Deiches des alten Ockenswarftkooges. Es gab im 19. Jahrhundert Versuche, mit solchen Kögen die Heuernte zu sichern, später sogar Getreide anzubauen – mit geringem Erfolg. Wenn man der Deichlinie des Koogdeiches Richtung See folgt, kann man mit etwas Fantasie erkennen, dass sich der Deich ins Meer fortsetzt. Die Hallig war an dieser Stelle deutlich größer.

Das Seilerhus.

Am Horizont sehen wir von links nach rechts nun Süderoog, Norderoog mit dem unverkennbaren Pfahlbau und den Japsand. Im Westen der Hallig lagen einmal noch drei Warften, die **Klein- und Groß-Süderwarft** und die **Fedder-Bandixwarft.** Alle drei befanden sich schon Anfang des 19. Jahrhunderts recht nah an der Kante. Die große **Halligflut** von 1825 ließ sie im Meer versinken. Ihre Reste kann man mit Glück und Ortskenntnis noch draußen im Watt entdecken. Manchmal findet man vor der Hooger Halligkante auch Scherben und andere Reste einstiger Besiedlungen. Wie gehen weiter in Richtung **Hanswarft** und verlassen dann in Höhe der Warft wieder den Sommerdeich.

RUNDGANG IM WESTEN

Backenswarft – Kirchwarft – Seglerhafen – Steindeich – Westerwarft – Ockelützwarft – Seglerhafen – Kirchwarft – Backenswarft, ungefähr 6 Kilometer. Für Fußgänger und Radfahrer.

Wir starten an der **Backenswarft** und wenden uns in Richtung **Kirchwarft** auf dem Weg am Priel. An der Kirchwarft biegen wir nach rechts an in Richtung **Seglerhafen**, kurz vor dem Hafen nach links und überqueren die **Schleuse**. Hafen und Schleuse wurden nötig, nachdem Hooge im Ersten Weltkrieg seinen Deich erhalten hatte und man nun nicht mehr mit dem Boot mit den Gezeiten auf den Prielen in die Hallig fah-

von oben: Am Priel — Ipkenswarft — Vor der Nordküste von Hooge — Priel zwischen Hanswarft und Schulwarft.

ren konnte. Im Hafen gibt es Liegeplätze für Segler. Das Haus auf Stelzen, das **Seilerhus** (Seglerhaus), bietet für Segler und Seekajakfahrer Waschgelegenheit, WC und andere Infrastruktur. Wir überqueren auf der Pionierbrücke den Hafen und stehen nun auf dem Deich. Links auf der Buhne sitzen bei auflaufendem Wasser gerne **Limikolen**, auch der Priel, den wir gerade überquert haben, lohnt einen Blick.

Am Horizont sehen wir die Hallig Langeness, dahinter die Insel Föhr und links Amrum.

Wir wenden uns nach Westen Richtung **Westerwarft**. Der Blick vom Deich über die typische Halliglandschaft mit Prielen und Warften ist sehr charmant. Die Westerwarft liegt so nah an der Halligkante, dass sie in die steinernen Befestigungen mit einbezogen wurde.

Nach der großen Halligflut 1825 wurde die Westerwarft aufgegeben, weil sie zu nahe an der Halligkante lag, man rechnete auch hier mit baldigem Totalverlust. Bis 1954 blieb die Westerwarft ohne feste Häuser. Lediglich in den 1930er und 40er Jahren standen dort einige Holzbaracken des Reichsarbeitsdienstes. 1954 ließ die damalige Schleswig-Holsteinische Landgesellschaft, die Eigentümerin der Warft, darauf drei reetgedeckte Häuser im traditionellen Baustil in Ost-West Lage errichten. Nach 15 Jahren Vermietung an Arbeiter des Amtes für Land- und Wasserwirtschaft gingen sie in das Eigentum der Mieter über. Über einen Fething verfügt die Warft nicht mehr. Von der Westerwarft geht es auf der Straße wieder zurück in Richtung Osten. Rechts liegt die **Pohnswarft**. Die Pohnswarft ist

oben: Am Seglerhafen. unten: Wenn die Sonne untergeht, explodieren die Farben.

bereits seit der großen Halligflut von 1825 unbewohnt. Auch sie wurde aufgegeben, weil sie zu nah an der Halligkante lag. Der Fething ist noch erhalten, er dient als Tränke für das Weidevieh. Auch nach der Befestigung der Halligkante blieb die Pohnswarft bis heute unbebaut. Es gab Überlegungen, die Warft wieder zu erschließen und neu zu bebauen, aber die Warft gehört zum Außengebiet der Hallig und dort darf nicht gebaut werden. Lediglich ein Windmesser und ein Geräteschuppen stehen dort. Heute ist rund um die Pohnswarft ein geschütztes Brut- und Rastgebiet.

Rechts liegt die **Ipkenswarft** mit ihrer besonderen Silhouette. Wir passieren einen der großen Priele der Hallig, rechts kommen **Volkertswarft** und dann die Doppelwarft **Mitteltritt-Lorenzwarft**. Links liegt dann die **Ockelützwarft**, die auch Schulwarft genannt wird. Denn auf der Ockelützwarft befindet sich die Halligschule. Das heutige Gebäude der Grund- und Hauptschule stammt von 1969. Im Schulhaus befindet sich auch die Lehrerwohnung.

Hinter der Ockelützwarft biegen wir links ab und folgen dem breiten Priel wieder in Richtung Hafen und **Kirchwarft**, die jetzt rechts am anderen Prielufer liegt. Wir queren die **Schleuse** und fahren zurück zur **Backenswarft**.

UM DAS WESTENDE

Ockelützwarft – Sommerdeich – Westerwarft – Mitteltritt-Lorenzwarft – Ockelützwarft, ungefähr 5 Kilometer. Für Fußgänger.

Wir starten an der **Ockelützwarft** und gehen Richtung Südwesten zum **Sommerdeich**. Dort wenden wir uns nach rechts. Ungefähr in Höhe der **Pohnswarft** geht der grasbedeckte Sommerdeich in einen Steindeich über. Wir folgen den Steindeich um das Westende der Hallig herum. Landseitig sieht man die zerklüftete **Salzwiesenland-**

links: Pohnswarft ist seit 1825 verlassen. Nur ein Windmesser und ein kleiner Schuppen stehen darauf. rechts: Auf der Hallig gibt es keine Bienen. Das macht sie besonders geeignet für Reinzuchten von Bienenvölkern vom Festland.

schaft, die das Meer geschaffen, das gerade im Westen erhebliche Gewalt hat. Zwischen dem Westende von Hooge und der Insel Amrum wird die See kaum gebremst. Am Horizont die Inseln: Amrum, wenn ganz klare Sicht ist, auch der Leuchtturm von Hörnum auf Sylt, dann Föhr. Und schließlich Hallig Langeness.

Wir erreichen die **Westerwarft** und bleiben auf dem Steindeich. Ungefähr nach zwei Dritteln der Entfernung zwischen der Volkertswarft und Mitteltritt-Lorenzwarft biegen wir auf einen schmalen Weg nach rechts ab, der uns durch die Fenne wieder auf die Straße führt. Von dort geht es links wieder zurück zur **Ockelützwarft**, zu unserem Ausgangspunkt.

WATTWANDERUNGEN

Die **Schutzstation Wattenmeer** auf der Hanswarft bietet geführte Wattwanderungen zur Vogelhallig **Norderoog** und zum **Japsand**. Beide gehören zur **Schutzzone 1** des Nationalparks und dürfen außerhalb geführter Wanderungen nicht betreten werden. Termine entnehmen Sie bitte dem aktuellen Veranstaltungsblatt.

Eine Wattwanderung sollte man niemals alleine unternehmen, auch wenn man sich im Gebiet auskennt. Seenebel kann schnell aufkommen, und auch sonst kann man sich in der Weite des Watts schnell einmal verlaufen und dann bei auflaufendem Wasser durch voll laufende Priele, die eine erhebliche Tiefe bekommen, von der Rückkehr abgeschnitten sein. Außerdem muss man genau wissen, wo man Sandwatt und wo man Schlickwatt vor sich hat. Auch Menschen, die Jahrzehnte lang auf den Halligen und Inseln gelebt haben, sind schon beim Gang durchs Watt umgekommen.

Eine geführte Wattwanderung ist jedoch ein unvergessliches und zudem lehrreiches Erlebnis. Man spürt die Weite des Watts und erfährt nebenbei noch viel über die Lebewesen, die es bevölkern.

15
HALLIG NORDEROOG

Die kleine Hallig Norderoog liegt südwestlich von Hooge. Westlich von Norderoog liegt der Norderoogsand, der die Hallig schützt. Norderoog gehört zur **Schutzzone 1** des Nationalparks Schleswig Holsteinisches Wattenmeer. Das bedeutet, die Hallig kann nur im Rahmen geführter **Wattwanderungen** besucht werden. Die Schutzstation Wattenmeer auf Hallig Hooge bietet regelmäßige Wattwanderungen zur Hallig Norderoog. Norderoog ist nicht beweidet und hat deshalb eine etwas andere Anmutung als die anderen Halligen.

Im 18. Jahrhunderts lebten die Bewohner noch mehr schlecht als recht von Viehzucht, Strandgut und Seehundjagd. 1825 richtete die große **Halligflut** schwere Zerstörungen an und ertränkte den Besitzer und seine Familie beinahe. Mann, Frau, Kind und Magd konnten sich mit knapper Not auf den bereits überspülten Dachboden des Hauses retten. Haus und Teile der Warft holte die Flut. Die Familie verbrachte den ganzen folgenden Tag in einem Boot ohne Mast und Segel, bis sie schließlich von Hoogern gerettet wurde. Die Warft lag nun an der Abbruchkante, der Fething war zerstört. Man gab die Hallig auf. Norderoog wurde im Sommer von Hooge aus bewirtschaftet. Auch zum Eiersammeln wurde die Hallig so gerne genutzt, dass sie auch als Eierinsel bekannt war. 1865 stürzte das letzte Hallighaus ein, das nur noch wäh-

Ist die Brutsaison vorbei, finden auf Norderoog Workcamps statt. Jugendliche arbeiten am Erhalt der kleinen Hallig.

oben: Die Pfahlbauten verleihen Hallig Norderoog ihre typische Silhouette. unten: Der legendäre Vogelwart Jens Sørensen Wand mit einer Brandente.

rend der Heuernte bewohnt war. Es wurde nicht wieder aufgebaut. Die Warft wurde nach und nach ganz weggespült.

1909 erwarb der **Verein Jordsand** die Hallig für 12.000 Goldmark als Vogelfreistätte. Das Geld wurde durch Spenden, vornehmlich aus der Hamburger Hafenwirtschaft, in kurzer Zeit aufgebracht. Seit dieser Zeit ist Norderoog die einzige private Hallig in der Nordsee. Als der Verein Jordsand Norderoog erwarb, war Norderoog noch 18 Hektar groß. Bis in die 1970er Jahre schrumpfte Norderoog auf nur noch sieben Hektar. Durch beständigen Kampf um den Erhalt der Hallig konnte mit Uferschutz, Befestigung und Landgewinnung die Hallig bei knapp zehn Hektar stabilisiert werden. Jedes Jahr kommen Jugendliche für zweiwöchige Workcamps auf die Hallig und helfen ehrenamtlich bei Arbeiten zum Erhalt der Hallig.

Norderoog ist Brutplatz für viele Vogelarten der Nordseeküste. Aber vor allem ist die Hallig Norderoog der wichtigste Brutplatz der bedrohten **Brandseeschwalbe** an der deutschen Nordseeküste. Die Brandseeschwalbe ist sehr störungsempfindlich und daher an vielen anderen Brutplätzen oft jahrelang verschwunden.

Der Vogelwart ist heute meistens jemand, der einen Bundesfreiwilligendienst macht oder ein Freiwilliges Ökologisches Jahr. Er lebt in einem Pfahlbau, wie schon der erste Vogelwart. Als erster Vogelwart erschien 1909 ein Mann auf der Hallig, der zur Legende wurde: der Däne Jens Sørensen Wand.

JENS WAND

» *Von meinem letzten falschen Freund geschieden // leb' ich hier in stillem Frieden.«* *schrieb der Eigenbrötler Jens Wand auf seine Hüttenwand.*

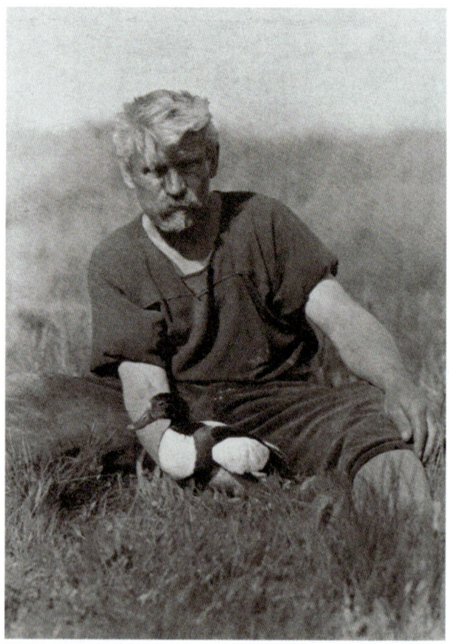

links: Diese Schilder sollte der Gast bitte respektieren. rechts: In den Pfahlbauten lebt auch der Vogelwart.

Zur Brutzeit 1909 kam er zum ersten Mal nach Norderoog. In den ersten Jahren lebte Jens Wand noch mit seiner Frau auf der kleinen Hallig, doch seine Frau ertrank 1916 im Watt. Jens Wand lebte seit 1909 mit einigen längeren Unterbrechungen, von 1932 bis 1950 sogar ständig auf Norderoog. Nur die Wintermonate von November bis März verbrachte er in Husum. Die Erhaltung der Brandseeschwalbenkolonie war seine Lebensaufgabe, und er verteidigte seine Schützlinge auch manchmal mit dem Knüppel gegen Störenfriede.

»Eenmal halt de Woogen mi doch«, hatte Jens Wandt immer gesagt. 1950 kam er im Wattenmeer zwischen Hooge und Norderoog um. Manche sagen, der alte Mann habe einen Schlaganfall erlitten, manche meinen, dass er in Nebel und Dunkelheit die Orientierung verloren habe und ertrunken sei. Jens Wand wurde auf Hallig Hooge neben seiner Frau beerdigt. Ein Gefolge, wie man es auf Hooge lange nicht gesehen hatte, gab dem »König von Norderoog« das letzte Geleit, und beim Gottesdienst flog eine kleine Schwalbe in der Kirche hin und her, als wolle sie Jens Wand einen letzten Gruß seiner Schützlinge überbringen.

16
HALLIG GRÖDE

Die Hallig Gröde ist die drittgrößte Hallig im nordfriesischen Wattenmeer. Gröde hat ungefähr 280 Hektar Gesamtfläche. Es sind jedoch nur knapp 200 Hektar Nutzfläche, weil die Hallig von zahlreichen Prielen zerschnitten wird. Eigentlich besteht Gröde aus zwei Halligen: aus Hallig Gröde im Süden und der ehemaligen Hallig Apelland im Norden. Nach gut 100 Jahren sind Gröde und Apelland zusammengewachsen, der ehemals trennende Priel ist zum Teil schon verschwunden.

Gröde hat von den dauerhaft bewohnten Halligen den ursprünglichsten Charakter. Da Gröde in der Vergangenheit sehr häufig Landunter zu vermelden hatte, ist das Land sehr zerklüftet, von unzähligen Prielen durchfurcht und von reiner Salzwiesenvegetation überzogen. Im Sommer, wenn die Bondestave, der Halligflieder, blüht, wird Gröde dann zum Ziel vieler Tages-ausflügler. Gröde besitzt zwei Warften, derzeit leben noch sieben Menschen auf der Hallig. Die Schule ruht seit einiger Zeit. Gröde ist die viertkleinste Gemeinde in Deutschland, bildet aber den kleinsten Wahlbezirk Deutschlands. Gröde meldet traditionell kurz nach Schließung der Wahllokale als erste Gemeinde das amtliche Wahlergebnis. Zur Gemeinde Gröde gehört auch die Hallig Habel, auf der nur im Sommer ein Vogelwart lebt.

Gröde ist, wie fast alle Halligen, mit Steinkante und niedrigem Deich geschützt und

von oben: Die Häuser ducken sich hinter dem Warftdeich — Auf Gröde gibt es keine Autos — Der Bootsanleger an der Schleuse — Der kleine Gröder Kirchhof. Auch die letzten Pächter von Hallig Habel liegen hier begraben.

erleidet keine wesentlichen Landverluste mehr. Man hat die Allmendewirtschaft jedoch beibehalten. Heute arbeitet kein Haupterwerbslandwirt mehr auf Gröde. Die Gröder Familien leben vom Küstenschutz, vom Tourismus und der Nebenerwerbslandwirtschaft. Manche haben Rinder als Pensionsvieh, andere halten Schafe. Gröde liegt verhältnismäßig festlandsnah, das Wasser um die Hallig ist recht flach. Niedrigwasserangaben gibt es für Hallig Gröde nicht. Beim Bundesamt für Seeschifffahrt und Hydrographie (BSH) erfährt man: Keine Niedrigwasserangaben, Pegel fällt trocken.

oben: Die Steinkante und der so genannte Igel, ein aufgeschütteter niedriger Deich, schützen die Hallig. Mitte: Gröder Verkehrsmittel. unten: Die Schafe auf der Hallig laufen nahezu überall herum.

Die Schiffe können Gröde nur bei Hochwasser anlaufe,n und es gibt keinen regelrechten Linienverkehr. Der Gast, der Urlaub auf Hallig Gröde machen will, muss ein gewisses Maß an Flexibilität mitbringen. Und die Lage bringt einige recht Besonderheiten für die Versorgung der Gröder selbst mit sich.

Die Gröder können nur dann ans Festland und am selben Tag wieder nach Hause, wenn die Tide so liegt, dass morgens und abends Hochwasser ist – was nur alle 14 Tage vorkommt. Sonst ist immer eine Übernachtung am Festland notwendig. Ist das Wetter ungünstig, zum Beispiel bei Sturm oder Eisgang, kann die Verbindung nach Gröde schon einmal einige Wochen unterbrochen sein.

Zwischen den »Festlandstagen« bestellen die Gröder ihre Lebensmittel beim Kaufmann am Festland. Der bringt sie zum Anleger nach Schlüttsiel. Dort nimmt sie Kapitän von Holdt vom Ausflugsschiff MS Seeadler, das Gröde versorgt, mit an Bord, oder Fiede Nissen, der Postschiffer von Langeness, der die kleinen Halligen mit Post versorgt, nimmt die Waren mit seiner Störtebeker mit. Auch der Feriengast reist in der Regel mit der MS Seeadler an.

Es gibt auf Gröde kein Geschäft, nur einen kleinen Kiosk. Den Feriengästen ist gera-

Gröde hat von den großen Halligen die meiste Salzwiese.

ten, sich ihre Lebensmittel entweder selbst mitzubringen oder ebenfalls beim Kaufmann am Festland zu bestellen und liefern zu lassen. Holen Sie sich Rat bei Ihrem Gastgeber.

RUNDGÄNGE AUF GRÖDE

Für den Tagesgast empfiehlt es sich, alleine schon aus Zeitgründen, möglichst auf den Wegen zu bleiben. Gröde ist größer als man denkt, und schnell hat man sein Ausflugsschiff verpasst, das auch tidebedingt nicht unbegrenzt liegen bleiben kann. Die Allmendewirtschaft auf Hallig Gröde hat für den Feriengast spürbare Vorteile: Es gibt fast keine Zäune. So kann man – außerhalb der Brutzeit der vielen Vögel natürlich – fast querfeldein die Hallig erkunden. Wandert man über die Hallig, muss man sich vorsehen, dass man nicht unversehens in einen Priel tritt. Manchmal sind Umwege nötig. Aber aus Respekt vor der Natur sollte man Störungen möglichst vermeiden.

Es ist ein wenig eigenartig, wenn man sich vorstellt, dass man eigentlich eine andere Hallig betritt, wenn man den Priel zwischen der eigentlichen Hallig Gröde und der früheren Hallig Appelland passiert. Das führt einem vor Augen, wie veränderlich diese Landschaft war und ist. Ein Teil des Meedelandes auf Apelland ist schon lange mit einem Sommerdeich geschützt. Man kann auf dem Deich sehr gut spazieren gehen.

»... *und nun bedenke, da unser Land Gröde wenigstens 1/4 Meile lang [ist], und dabey schmall, und in der Mitte des Landes alles niedrig und so sehr viel Sicken und Ründels, Plarungen, welche nicht besser sind als Schlick, ...« (Nommen Hansen: Beschreibung der Insel Gröde, 1814)*

RUNDGANG ZU WARFT UND KIRCHE

Westanleger – Knudswarft – Kirchwarft – Westanleger, ungefähr 1,5 Kilometer.

Hallig Gröde besitzt zwei Warften, die Knudswarft und die Kirchwarft, und eine ehemalige Warft, die seit 1825 verlassene Neu-Peterswarft.

Die Tour beginnt am **Westanleger**. Von dort wenden wir uns nach rechts, dem Weg folgend. Wir passieren linker Hand die Reste der Neu-Peterswarft.

Die **Neu-Peterswarft** wurde bereits in der Flut von 1825 zerschlagen. Weil sie so nah an der Halligkante lag, wurde sie nie wieder besiedelt.

Nach und nach brach sie fast vollkommen weg, bis ihre Reste in die Befestigung der Halligkante einbezogen wurden. Heute nutzt nur noch der Küstenschutz den unauffälligen Hügel als Materiallager.

Die Knudswarft ist bereits vom Anleger aus zu sehen. Wir folgen dem Hinweisschild »Kirche, Kiosk« zunächst nach rechts in die Warft, Richtung Kiosk. Am Kiosk gibt es, das nebenbei erwähnt, delikate Knerken zu kaufen. Knerken sind ganz traditionelles Halliggebäck, das man in süßer Sahne aufgehen lässt.

links: Der geschnitzte Altar aus dem Jahr 1592.
rechts: Die Kanzel der Gröder aus dem späten 16. Jahrhundert.

Die **Knudswarft** wurde nach der Sturmflut von 1962 fast komplett neu bebaut, lediglich ein Haus stammt noch von 1759. Jedoch wurden auf der Knudswarft im Gegensatz zu vielen Neubauten auf anderen Halligen, die im Rahmen des Halligerneuerungsprogramms entstanden, gut proportionierte, reetgedeckte Häuser in traditioneller Ost-West-Lage erbaut.
Die vier Wohnhäuser gruppieren sich um den zentralen Fething, dessen Ränder mit Schilf bewachsen sind. 1967 erhielt die Warft als zusätzlichen Schutz noch einen Ringdeich.
Man kann einmal in die Warft hinein und halb um den Fething herum gehen, muss allerdings denselben Weg wieder zurück.
Wir kehren zurück und besuchen nun die **Kirchwarft**. Dort befindet sich die kleine **Halligkirche**. Im selben Gebäude sind auch die **Halligschule** und die **Lehrerwohnung** untergebracht. Auf Gröde lebt zurzeit kein Schulkind, die Halligschule ruht daher.
Die Gröder **Kirche** ist bereits die siebte Kirche der Gemeinde Gröde seit der Katastrophenflut im Jahre 1362. Die Kirche wurde als St. Margareten neu erbaut. 1615 musste diese Kirche wieder abgebrochen und weiter landeinwärts neu errichtet werden. Schon zehn Jahre später im Jahre 1625 musste nach einer Eisflut auch diese Kirche aufgegeben werden. Kaum war die neue Kirche fertig, kam 1634 die zweite Große Mandränke. Kirche und Pastorat wurden wiederum zerschlagen. 1636 entstand die fünfte Kirche.

oben: Triumphkreuz und Predigerbild. unten: Im Innern der Gröder Kirche.

» *St. Margarethen zu Ehren ist diese Kirche 1636 allhier versetztet, hat zum Einsiegel geführt das Lamm Gottes, welches 1625 in der Eisfluth mit der Kirche verloren.« (Epitaph in der Gröder Kirche, 1700)*

In der Weihnachtsflut 1717 wurde die ganze Westseite der Kirche von der dem Kirchhof gegenüberstehenden Mühle eingeschlagen, die von Sturm und Wellenschlag umgerissen worden war. Fluten der Jahre 1718 und 1720 zerstörten die Kirche vollends.
1721 wurde damit die sechste Gröder Kirche errichtet. Doch 1751 drang die Flut in das Gotteshaus ein, riss die Bretterverkleidung an der Westseite weg und stürzte das

oben: Das langgestreckte Gebäude enthält Kirche, Schule und Lehrerwohnung. Mitte: Pensionsrinder am Meer. unten: Bank nahe der Schleuse.

Glockenhaus um. Fast zwanzig Jahre lang wurde immer wieder ausgebessert. Doch schließlich erreichte das Tief die Warft, auch diese Kirche musste abgebrochen werden.

Und so erbauten die Gröder 1779 ihre siebente Kirche. Ein schlichtes Kirchlein, reetgedeckt, ohne Turm. Kirche, Pastorat und Schulhaus wurden unter einem Dach vereinigt. Gleichzeitig wurden das Prediger-, Küster- und Lehreramt zusammengefasst.

In der großen Halligflut von 1825 wurde die Kirche erneut schwer beschädigt, die Westwand brach ein, der Giebel und ein Teil des Daches stürzten zusammen. Aber der Schaden konnte repariert werden. 1899 wurde dann das Halligufer gegen weiteren Abbruch befestigt. So kann die kleine Kirche heute noch besucht werden.

Die Gemeinde Gröde hat schon seit langem keinen eigenen Pastor mehr, sondern wird wie auch Oland von **Hallig Langeness** mit versorgt. Das kann dazu führen, dass der Weihnachtsgottesdienst, wenn die Tide ungünstig ist, bereits am 23. Dezember stattfindet. Oder erst am 26. Oder gar nicht, wenn der Postschiffer nicht fahren kann. An der Nordwand befindet sich das **Triumphkreuz** vom Anfang des 16. Jahrhunderts.

Links daneben hängt ein **Gemälde des Jüngsten Gerichts**, in dem ein Prediger der Gemeinde verewigt ist: Der »Ehrwürdige, Andechtige und Wohlgelährte H. Petrus Liebenberg Rabinensis Marchiatus dieser christlichen Gemeinde« und seine Gattin. Der Prediger starb nach 51 ½ Jahren des Dienstes an der Gemeinde im Alter von 80 Jahren.

Rosen an der kleinen Halligkirche.

Weiter links erinnern verschiedene Tafeln **an die Versetzung der Kirche** 1706, an Verstorbene und Gefallene aus verschiedenen Zeiten.

An der **Ostwand** befindet sich links die Gruppe der **Marienkrönung** aus einem Altarschrein aus der zweiten Hälfte des 15. Jahrhunderts, bemalt 1694, gestiftet von Broder Bandixen, Schiffer, 1694.

Der **Renaissancealtar** in der Mitte stammt von 1592.

In der Mitte das Kruzifix, daneben biblische Szenen. Rechts daneben sind Glaube, links Hoffnung dargestellt. Im Sockel kann man die Inschrift lesen: SELIGE FEDDER HANS HEFT THO DESSEN TAFEL GEGEVEN X RYKSDALER. 10 Reichstaler hat er gegeben, der Hans Fedder, in der Hoffnung auf einen besseren Platz im Himmelreich. Zehn Reichstaler waren damals viel Geld.

Die **Kanzel** rechts ist vom Ende des 16. Jahrhunderts. Sie wurde 1695 überarbeitet und verändert. In diesem Jahr wurde auch der **Baldachin** hinzugefügt.

Die **Taufe** vor der Kanzel stammt aus der Mitte des 16. Jahrhunderts, sie wurde 1705 mit Holz repariert. Zwei Gröder haben sich in den Feldern des Achtecks verewigen lassen: ITKE PETERSEN IN DE GRODE und BRODER HANSEN IN DEN GRODE – auch das Spenderinschriften. Auch die Reparatur 1705 wurde von Gemeindemitgliedern bezahlt, die sich haben verewigen lassen: 1705 VERERRET VON SEFFER HEMME BRODERSEN SEFFER FRIEDRICH BANDICKSEN.

Am **Deckenbalken vor dem Altar** steht ein Bibelzitat aus dem Alten Testament (Habakuk, Kap. 2, Vers 11): DIE STEINE IN DER MAUREN WERDEN SCHREYEN UND DIE BALKEN AM GESPER WERDEN IHNEN ANTWORTEN. Die Inschrift entstand 1695. Ebenfalls an der Decke das in allen Halligkirchen übliche **Votivschiff**.

WEITERE RUNDGÄNGE AUF GRÖDE

» *Als er an seiner Hallig anlegte, war er wie geblendet. Wie ein Traumbefangener ging er über das beblümte Land. In den Prielen spiegelten sich glitzernd die Sterne. Die gelben Honigblumen hatten schon zur Nacht geschlossen, aber zahlreiche rosa Grasnelken dufteten süß und lieblich um seine Füße.*« *(Elfriede Rotermund: Godber Godbersen, Ausgabe 2008)*

Auf Gröde gibt es eine Vielzahl Möglichkeiten, die Hallig zu erforschen. Man kann von der Warft direkt zum **Westanleger**, dann der Halligkante folgend zum **Ostanleger** laufen. Oder man kann Hallig **Appelland** umrunden. Direkt an der Knudswarft, im sogenannten Baggerloch, kann man eine Brutkolonie **Säbelschnäbler** beobachten. Auf Appelland gibt es größere Brutkolonien verschiedener **Möwen** und an den Lahnungen der Nordseite der Hallig versammeln sich bei auflaufendem Wasser gerne große Mengen **Limikolen**. Die Rundtour auf dem **Sommerdeich** um Appelland ist ab Warft ungefähr 4,5 Kilometer lang, die Tour von der Warft zum West-, dann zum Ostanleger und zurück ungefähr

oben: Unterwegs auf Hallig Gröde. links: Auf Gröde kann man Schafe treffen. rechts: Appelland ist Brutgebiet vieler Möwen.

3 Kilometer. Es gibt noch mehr Wege zu erkunden, weil Gröde kaum Zäune hat. Man kann zur Schleuse hinunter und dann weiter in Richtung Appelland wandern. Man geht dabei über die mit Appelland verschmolzenen Reste einer alten Hallig, Die **Heerst** – eine Warft mit diesem Namen lag noch lange knapp außerhalb der heutigen Halligkante. Der östliche Teil der Hallig ist ebenfalls erforschbar – bis man vor einem breiten Priel steht, den man nicht überqueren kann. Und überall ist man von Salzwiesen umgeben, die voller Vögel sind.

Vom der Südwestseite der Hallig sieht man am Horizont von links die Hamburger Hallig, Nordstrandischmoor, Pellworm, Hooge, Langeness (im Hintergrund die Insel Föhr) und ganz rechts dann Oland.

oben: Ein Priel trennte einst Gröde und Appelland. links: Bank mit Aussicht. rechts: Kultur und Konsum.

17
HALLIG HABEL

Habel liegt 2 Kilometer östlich von Gröde und gehört zur Gemeinde Gröde. Habel ist die kleinste Hallig, sie hat über die Jahrhunderte den weitaus größten Teil der Fläche an das Meer verloren.

Die Hallig liegt in der Schutzzone 1 des Nationalparks Wattenmeer und darf daher von Fremden nicht betreten werden. Habel wird von Frühjahr bis Herbst nur von einem Vogelwart bewohnt, der im einzigen Hallighaus auf der einzigen Warft lebt.

Habel ist ein Inbegriff für das, was mit den Halligen über die Jahrhunderte geschah. Früh wird in den alten Dokumenten ein Kirchspiel Habel (Habelde) genannt, als Teil des Marschlandes der früheren Beltringharde. Auch auf der Seekarte des Niederländers L.J. Waghenaer von 1588 wird Habel schon genannt. Nach dieser Karte ist Habel sogar größer als Hooge oder Langeness und so groß wie Gröde oder Nordmarsch. Nur Oland ist größer eingezeichnet. In der zweiten Großen Mandränke 1634 bahnte sich die Flut des Heverstroms ihren Weg in nördliche Richtung, vernichtete Alt-Nordstrand und verzweigte sich bis vor Hallig Habel. Dort nagt sie bis heute. Wattströme verkleinerten die Hallig immer weiter – heute besitzt Habel nur noch ein Siebtel der Fläche, die 1802 bei der ersten exakten Vermessung ermittelt wurde.

1770 lebten noch sieben Familien auf Habel, um 1900 ernährte die Hallig nur noch acht Rinder und 32 Schafe. Auf Norderwarft lebte der Besitzer der Besitzer der Hallig, Meinert Nommensen, in einem Hallighaus. Das zweite war baufällig, zum Teil abgebrochen, und wurde als Stall genutzt. Ein Fething war vorhanden, außer-

Mit dem Postboot unterwegs nach Hallig Habel.

dem zwei gemauerte Zisternen. Meinert Nommensen verkaufte Habel im Dezember 1905 für 6.000 Mark an den preußischen Staat. Um 1920 besucht der Fotograf Theodor Möller Habel und nennt sie »sterbende Hallig, dem Untergang geweiht«. 1932 übernahm der Verein Jordsand Hallig Habel als Schutzgebiet und stellte einen Vogelwart ein.

» *Der damalige Vorsitzende des Vereins Jordsand schrieb an den Vogelwart Petersen: »Da müssen Sie recht geschickt vorgehen: zunächst erzählen Sie von den schönen Vögeln und dem Verein Jordsand, der vor 25 Jahren sie vor dem Aussterben an der schleswig-holsteinischen Küste gerettet hat. Dann hol' die Leute der Deubel, wenn sie nicht mithelfen wollen. Wer noch nicht mit dem einen Fuß im Grabe und mit dem anderen am Hungertuch nagt, wird eben Mitglied.« (Brief des 1. Vorsitzenden Biernatzki an Hans F. Petersen, aus Ulli Harth, Habel, Inbegriff einer Hallig)*

1934 endlich erhielt Habel eine nur im Osten nicht geschlossene Uferbefestigung aus Steinquadern. 1934 bis 1948 pachtete der Bongsieler Gastwirt Rasmus Thamsen

Auf Hallig Habel gibt es nur ein Haus, in dem der Vogelwart lebt.

die Hallig. Von Bongsiel aus besuchten viele seiner Dichter- und Malerfreunde die Hallig.
Nach der Sturmflut von 1962 wurde die weitere Küstensicherung für Hooge, Gröde und Habel geplant. In einem Kostenvoranschlag für die Sicherung von Habel wurde 1969 nochmals betont, Habel verhindere zusammen mit Gröde und dem Rocheley-Sand »die Vereinigung der Wattströme Schlütt und Süderaue vor dem Festland, wodurch eine gefährliche Küstenströmung entstehen würde.« So wurde auf Habel erneut am Erhalt der kleinen Hallig gearbeitet, es entstanden in den nächsten Jahren Hinterpflasterungen, Sodendeckungen, Buhnen und Lahnungen.
Das Land Schleswig-Holstein gab 1981 die Verpachtung an Privatpächter endgültig auf. Die Hallig wurde in Stand gesetzt. 1983 pachtete der Verein Jordsand erneut die Hallig. Seitdem ist auf Habel jedes Jahr von März bis Oktober ein Vogelwart, Ehrenamtlicher oder im Bundesfreiwilligendienst, untergebracht. Zu seinen Aufgaben gehören neben der Zählung der Vögel vor allem Arbeiten zum Erhalt der Hallig – die Steinkante überwachen und pflegen, gegebenenfalls kleinere Reparaturen durchführen, nach Landunter den Spülsaum säubern, die Gräben instandhalten – und zum Erhalt des Hallighauses. Dazu existiert eine kleine Werkstatt im Haus. Fließend Wasser oder elektrischen Strom gibt es auf Habel nicht. Habel hat noch 3,6 Hektar Fläche.
Seit 1985 Habel gehört zu Zone I des Nationalparks Schleswig-Holsteinisches Wattenmeer zugerechnet. Die Hallig ist für den Tourismus gesperrt.

Unterwegs im Wattenmeer vor Hallig Habel.

18 NORDSTRANDISCH-MOOR

Nordstrandischmoor, auch Lüttmoor – Kleinmoor – genannt, liegt nördlich der Insel Nordstrand. Lüttmoor ist heute noch 190 Hektar groß und hat vier Warften. Alle Warften zusammen gelten von Amts wegen als ein Wohnplatz. Er trägt die Nummer 38 und gehört zur Gemeinde Nordstrand. Lüttmoor hat 18 Einwohner.

Lüttmoor ist mit einem Lorendamm ans Festland angebunden. Bei Hochwasser können am Anleger an Lüttmoors Südspitze auch Schiffe anlegen, die Tagestouristen bringen.

Es gibt eine Zwergschule – die Schule ist auch gleichzeitig Kirche – und eine Gastwirtschaft. Die Einwohner leben, wie so oft auf den Halligen, teils vom Tourismus, teils von Landwirtschaft, teils von der Arbeit beim Küstenschutz.

Lüttmoor und die Hamburger Hallig sind die beiden Halligen, die einen Geburtstag haben: den 12. Oktober 1634, als die Burchardiflut, die zweite Große Mandränke, die gesamte Mitte des alten Nordstrand ertränkte. Damals blieben diese beiden Halligen als Reststücke der großen Insel übrig.

Nahe dem Zentrum von Alt-Nordstrand lag damals ein Hochmoor, das Wüste Moor genannt. Es war eine verlassene, einsame Gegend, nur ein paar wenige, sehr arme Leute hausten dort. Die Mehrheit der Alt-Nordstrander zog die fetten Marschenböden vor. Man fühlte sich sicher hinter den Deichen. Als jedoch der Norderhever-Strom am Burcharditag 1634 die Deiche durchbrach und das flache Marschland flutete, wurde das höher liegende Wüste Moor zur Überlebenschance. Zahlreiche Bewohner konnten sich auf das Wüste Moor ret-

Vorn Halberwegwarft, hinten Amalienwarft.

oben: Lüttmoorsiel ist auch ein beliebter Haltepunkt für Reisegruppen, um einen Blick in die Halligwelt zu werfen. Mitte: Auf der Amalienwarft ist die Schule und die Lehrerwohnung. Der Klassenraum ist gleichzeitig Kirche. Der Pastor kommt von Nordstrand. unten: Viele Ausflügler zieht es nach Lüttmoor.

ten. Wer nach der Flut nirgendwo anders hin konnte, blieb auf dem Moor. Damals war seine Fläche noch 500 Hektar groß. Mit der Zeit wurde das Moor bei höheren Wasserständen jetzt auch überspült und überschlickt, die Heide- und Moorlandschaft wandelte sich in Halligrasen und Salzwiese. Die Bewohner ernährten sich von Fischfang und Schafzucht. Es entstanden nach und nach 16 Warften mit bescheidenen Hallighäusern: Hallig Nordstrandischmoor.

Die Halligleute waren der Gemeinde Odenbüll auf Nordstrand zugehörig. 1642 erhielten die Moorleute die herzogliche Erlaubnis, eigene Gottesdienste abzuhalten.

Um eine eigene Kirche bezahlen zu können, bargen sie Grabsteine, Ziegel, Glocken und Holzbohlen der 1634 im Watt versunkenen Kirchen und verkauften sie. 1650 erhielt der Pastor das erste Pastorat, sechs Jahre später war die Kirche fertig. 1652 trat Pastor Anton Heimreich sein Amt an, der als Chronist der Gegend zu Berühmtheit gelangen sollte. Der jüngere Heimreich, Heinrich, trat 1685 die Nachfolge des Vaters auf Nordstrandischmoor an.

Kirche und Pastorat wurden in der Weihnachtsflut 1717 schwer beschädigt, aber in den folgenden Jahren einigermaßen in Stand gesetzt. 1756 wurde die Kirche vollkommen zerstört, aber noch einmal wieder aufgebaut, um 1825 in der Halligflut erneut Raub der Fluten zu werden. Jetzt wurde die Halligkirche, die seit ihrer Erbauung viermal zerstört worden war, nicht mehr wieder aufgebaut. Die Halligleute gehörten nach knapp 200 Jahren nun wieder zur Nordstrander Gemeinde Odenbüll. Das Pastorat wurde abgebrochen, die Kirchwarft stand bis 1905 verlassen, den alten Friedhof zerstörten die Wellen. Der neue Friedhof entstand auf einer Art kleiner Toteninsel.

Hatten vor der Weihnachtsflut noch 126 Menschen auf Lüttmoor gelebt, waren es weniger als hundert Jahre später nach der Halligflut 1825 nur noch 31.

Erst 1914 begannen die Sicherungsarbeiten zum Erhalt der Hallig, gerieten aber wegen des Kriegsausbruches sogleich ins Stocken. Die Steinkante, die die Hallig heute im Süden und Westen umgibt, entstand erst 1926–1935. Seit 1933 ist Nordstrandischmoor durch einen Damm ans Festland angebunden, über den, ähnlich wie auf Oland, in erster Linie der Küstenschutz Material transportiert. Die Halligleute dürfen ihn aber zum Transport von Waren oder Gästen nutzen. Erst seit 1975 gibt es auf Nordstrandischmoor Strom und fließend Wasser. Die Eindeichung der Nordstrander Bucht von 1979 bis 1983 verringerte die Entfernung der kleinen Hallig zum Festland auf 3,5 Kilometer. Jetzt kommen im Sommer oft auch Scharen von Tagestouristen übers Watt.

WATTWANDERUNG UND RUNDGANG AUF NORDSTRANDISCHMOOR

Lüttmoorsiel – Wattwanderung nach Nordstrandischmoor – Lorenbahnhof – Neuwarft – Amalienwarft – Friedhof – Halberwegwarft – Norderwarft – Seglerhafen. Wattwanderung ca. 3,5 Kilometer (einfache Strecke), auf der Hallig noch einmal gut 6 Kilometer (hin und zurück).

Wir beginnen unsere Tour einmal nicht auf einer Hallig, sondern noch an Land, in Lüttmoorsiel. Lüttmoorsiel liegt am seeseitigen Ende des Beltringharder Koogs.

Durch den Bau des Beltringharder Koogs wurde die Insel Nordstrand faktisch zur Halbinsel. Der 1987 fertig gestellte Koog ist unbewohnt und hat eine Gesamtfläche von 35,4 Quadratkilometern. Der Koog war eine der größten, aber auch umstrittensten Deichbaumaßnahmen in Deutschland überhaupt. Heftige Auseinandersetzungen zwischen Küstenschützern und Naturschützern begleiteten den Bau. Aus Sicht des Küstenschutzes ging es nicht, wie früher üblich, um Landgewinnung, sondern um die Sicherung des Hinterlandes. Die Naturschützer sahen eine aus ihrer Sicht riesige Fläche des ökologisch einzigartigen Lebensraums Wattenmeer bedroht.

So wurde als Kompromiss nur die sogenannte kleine Lösung gewählt: Ein Gebiet

oben: Die Gaststätte auf Neuwarft. unten: Verkehr auf dem Lorendamm nach Nordstrandischmoor.

entlang der Linie vom Hauke-Haien-Koog zur Nordküste Nordstrands wurde bedeicht, man verzichtete auf die Einbeziehung und Eindeichung der Hamburger Hallig. Die geplante landwirtschaftliche Nutzung wurde stark beschränkt, ein geplanter Yachthafen entfiel ganz. Als Ausgleichsfläche wurde die gesamte Fläche des Beltringharder Kooges 1991 unter Naturschutz gestellt.

Der südliche Teil ist Brut- und Rastgebiet für Seevögel und darf nicht betreten werden. Landwirtschaft wird nur auf dem Vorland entlang der alten Hattstetter Marsch, Cecilienkoog und Sönke-Nissen-Koog extensiv betrieben.

Die neue Deichlinie brachte einen neuen Festlandspunkt für die Lorenbahn nach Nordstrandischmoor: Lüttmoorsiel. Dort gibt es ein kleines Informationszentrum und einen Parkplatz. Dort ist der Ausgangspunkt unserer Wanderung, und dort erwartet in der Regel der Wattführer seine Gäste. Bitte gehen Sie nicht auf eigene Faust ins Watt. Die Strecke scheint kurz. Das Watt birgt jedoch immer Gefahren. Die Flut läuft oft schneller auf als gedacht. Nie sollte ein Unkundiger sich alleine weit hinauswagen, und selbst dem Kundigen kann es gefährlich werden. Vor über 150 Jahren schrieb der damalige Lehrer von Lüttmoor, Johannes Christiansen:

» *Es war im September 1847, wir hatten im Sommer große Dürre und zwei Monate Ostwind gehabt, so dass immer große Ebben abliefen. Nun waren ein Moormann und ich nach Bredstedt, wollten aber denselben Tag wieder über das Watt nach Hause. Bei der Rückkehr verspäteten wir uns etwas; doch hätten wir noch rechtzeitig genug vor der hereinbrechenden Flut zurück sein können, wenn der Wind im Osten geblieben wäre; nun war aber gerade an dem Tage nach 9–10 Wochen der Wind nach Westen umgeschlagen. Da gab es Wasser und die Flut kam vor der bestimmten Zeit. Wir ahnten nichts Gefährliches. Mein Gefährte ging etwa 10 Minuten vor mir auf das Watt, wo wir uns wieder begegnen wollten. Dort konnte ich aber meinen Kameraden nicht einholen, denn er hatte das kommende Wasser schon in Sicht und setzte schneller zu, meinte, dass ich das Wasser auch gesehen und bei Zeiten umgekehrt sei. Nun war ich etwa eine halbe Stunde gelaufen und war somit auf halbem Wege nach Moor, da gewahrte ich das Flutwasser rechts und links nur etliche Ruten von mir, ich wollte den Lauf noch fortsetzen, allein die Flut kam immer schneller und näher. Eine furchtbare Angst überfiel mich, der Atem wollte fast stocken, denn mir war bange, dass ich auch vor Ohnmacht den Deich nicht wieder erreichen könnte. Doch – Gott sei noch heute gedankt – ich kam mit genauer Not an den Deich; als ich da war, war die Flut auch da. Mein Kamerad war bis an den Leib im Wasser, auch unter großer Bangigkeit nach Moor gelangt. Das allerschlimmste war noch, meine Frau hatte mich durch das Fernrohr auf dem Watt gesehen und konnte ja nicht anders denken, als dass ich ertrunken sei. Als ich nach einem Jahr einmal allein auf demselben Wege bei gutem Wetter an die verhängnisvolle Stelle kam, überfiel mich abermal Angst und Schrecken. Seit der Zeit bin ich nie wieder allein über das Watt*

links: Neugieriges Tier. rects: Kirchgang auf Nordstrandischmoor.

gelaufen.« (Aus einem Brief des Lehrers Johannes Christiansen, nach: Fritz Karff, Aus der Chronik der Hallig Nordstrandischmoor, Christians 1979)

Wir laufen also mit einem kundigen Wattführer in Richtung Lüttmoor. Das Watt ist auf dieser Strecke ziemlich schlickig. Links von uns liegen die Lahnungsfelder, die sich beidseits des Lorendamms befinden.
Die Lorenbahn wurde als Feldbahnstrecke auf einem Pfahldamm 1934 eröffnet. Festländischer Endpunkt war damals noch der Cecilienkoog. Auf Lüttmoor gibt es einen kleinen Lorenbahnhof und eine Zweigstrecke zur Neuwarft. Wir betreten Lüttmoor recht nahe dem Lorenbahnhof und gehen von dort zur Neuwarft.
Neuwarft ist die einzige Warft mit zwei Wohnhäusern. Auf Neuwarft wohnen zwei Familien. Der Halligkrog, die Gaststätte von Lüttmoor, befindet sich ebenfalls auf Neuwarft. Er ist in der Hauptsaison oft Anlaufstelle der vielen Tagesgäste, die über das Watt oder per Schiff auf die Hallig kommen.

oben: Seevögel im Watt. Mitte: Das Watt vor Nordstrandischmoor ist Schlickwatt. unten: Naturkunst im Watt.

Im Südosten von Lüttmoor befindet sich der Anleger. Von April bis Oktober kommen dort die Ausflugsschiffe an. Die Schiffe können Nordstrandischmoor nur bei Flut anlaufen. Tagesgäste haben dann ca. 1,5 Stunden, um die Hallig zu erkunden.

Wir gehen weiter Richtung Norden zur Amalienwarft. Amalienwarft oder Schulwarft beherbergt die kleine Halligschule, wie alle Zwergschulen eine Grund- und Hauptschule. Die Lehrerwohnung befindet sich ebenfalls im Schulgebäude. Das Schulgebäude dient auch als Kirchenraum. Deswegen steht ein Glockenstapel auf der Warft. An Weihnachten oder Ostern kommt der Pastor von Nordstrand zum Gottesdienst auf die Hallig.

Wir biegen vor der Amalienwarft ab und gelangen nach kurzem Weg zum Halligfriedhof.

Einzigartig sind die Grabsteine aus Marmor. Die Grabsteine wurden, um nicht weggespült zu werden, flach auf dem Boden platziert. Zwischen 1880 und 1925 bestatteten die Menschen von Lüttmoor hier ihre Toten, seit 1926 werden auch die Halligleute auf dem Odenbüller Friedhof auf der Insel Nordstrand bestattet.

Zurück auf der Straße, geht es weiter Richtung Norden durch die Halliglandschaft. Die Landschaft Lüttmoors ist wie die aller Halligen geprägt vom Meer. Die Hallig erlebt bis zu 40 Landunter im Jahr. Salzwiesen, Halligrasen und Priele bestimmen das Bild. Und um das kleine Stück Halligland erstreckt sich das nordfriesische Wattenmeer.

Links liegt die Halberwegwarft. Das einzige Haus auf Halberwegwarft ist Eigentum des

Die Grabsteine auf der kleinen Friedhofsinsel wurden flach hingelegt, um bei Landunter nicht fortgespült zu werden.

Landes Schleswig-Holstein. Ein Mitarbeiter des Amtes für ländliche Räume wohnt dort, der – wie auch sämtliche Halligmänner mit Ausnahme des Lehrers – im Küstenschutz tätig ist.

Weiter geht es an der Norderwarft vorbei zum Seglerhafen. Auch auf Norderwarft ganz im Westen von Lüttmoor gibt es nur einen Haushalt. Die alte Norderwarft ging 1819 verloren, die Familie siedelte in den Westen von Lüttmoor um. Der Seglerhafen ist ein Ausläufer des Halligpriels und fällt bei Niedrigwasser trocken. Vom Seglerhafen hat man Nordstrand, Südfall und Pellworm am Horizont.

Anschließend geht es auf demselben Weg wieder zurück. Will man durchs Watt zurück, kann man sich nicht lange auf der Hallig aufhalten. Nach ungefähr zwei Stunden muss man bereits wieder den Rückweg antreten.

19
SÜDFALL

Die Hallig Südfall liegt ungefähr zwischen Pellworm und Nordstrand. Sie wird von zwei Personen von Frühjahr bis Herbst bewohnt. Die Hallig gehört zur Gemeinde Pellworm. In der Nähe des heutigen Südfall lag im Mittelalter wahrscheinlich der legendäre Hafenort Rungholt.

Rungholt war sicher kein reiches norddeutsches Atlantis mit großer Kirche und weithin hörbarer Glocke, sondern eher ein regional bedeutender Küstenort mit allerhöchstens 1.000 Einwohnern und einem kleinen Hafen, von dem aus die Friesen Salz und Vieh handelten. Rungholt gehörte als eines von sieben Kirchspielen zum Strand, einer von vielen Wasserläufen durchzogenen Landschaft aus Mooren und Marschen. Der Meeresspiegel stieg jedoch, und der Strand geriet immer mehr in den zerstörerischen Einflussbereich zweier Seegatten: Fallstief (Norderhever) und Heverstrom. In der ersten Großen Mandränke, der Katastrophenflut am 15. und 16. Januar 1362, brach der Norderheverstrom entlang sandgefüllter eiszeitlicher Stromtäler ins Land ein. Der Ort Rungholt wurde vollständig zerstört.

1954 erwarb das Land Schleswig-Holstein die Hallig Südfall für 20.000 DM und verpachtete sie an einen Landwirt von Nordstrand. Der ließ die baufällige Villa der legendären Halliggräfin abreißen und ein modernes Hallighaus mit Sturmflutschutzraum bauen. Seit 1957 betreut der Verein Jordsand auch Hallig Südfall, seit 1959 steht sie unter Naturschutz.

Heute ist Südfall noch 56 Hektar groß. Die Hallig ist nur durch starke Befestigung der Halligkante zu halten. Südfall ist wichtiger

Am Fething auf Südfall.

Wellenbrecher für die Deiche von Nordstrand. Die Salzwiesen von Südfall werden zum Teil nicht beweidet. Deshalb gibt es dort große Vorkommen typischer Salzwiesenpflanzen wie Strand-Grasnelke, Strand-Wermut, Strandflieder oder Strandaster.

Die derzeitigen Pächter versehen seit 1999 den Dienst als Hallig- und Nationalparkwart und betreuen die SAR-Funkstation der Deutschen Gesellschaft zur Rettung Schiffbrüchiger (DGzRS).

Südfall ist Naturschutzgebiet zum Schutz von Pflanzen und Tieren. Die Hallig gehört zur Schutzzone 1 des Nationalparks. Das bedeutet: Außerhalb der geführten Touren ist das betreten nicht erlaubt.

Man gelangt von Fuhlehörn auf der Insel Nordstrand zu Fuß durchs Watt oder mit der Kutsche zur Hallig, jedoch nur in organisierten Gruppen. Auch geführte Gruppen dürfen nur einen kleinen Teil der Halligfläche betreten. Ebenfalls von Fuhlehörn gibt es geführte Wattwanderungen ins Rungholtgebiet.

DIE HALLIGGRÄFIN VON SÜDFALL

Eine der exzentrischsten Gestalten des nordfriesischen Wattenmeers ist die Gräfin von Reventlow-Criminil, die Halliggräfin von Südfall. Im Jahre 1910 erwarb die damals 47 Jahre alte Gräfin Diana Henriette Adelaïde Charlotte von Reventlow-Criminil die Hallig Südfall. Sie ließ das alte Hallighaus auf der einzigen Warft abreißen und errichtete eine moderne Villa für sich, ihre Tiere und ihr Personal. Die Halliggräfin entstammte einem Zweig der Reventlows von Gut Emkendorf in Holstein. Sie hatte längere Zeit am dänischen Königshof gelebt, war durch ganz Europa gereist und hatte, eigensinnig wie sie war, alle Heiratsangebote zurückgewiesen.

Als die Gräfin ihr Haus auf der Hallig Südfall bezog, brachte sie einen Kutscher mit, eine Gouvernante, ein Hausmädchen und eine Köchin. Auch ihre Pferde und Hunde brachte sie mit nach Südfall. Tieren, sagt man, habe die Gräfin immer mehr Zuneigung entgegengebracht als Menschen. So verbrachte sie im Alter von über 70 Jahren in einer Sturmflutnacht eine Nacht, bis zur Hüfte im Wasser stehend, bei ihren Pferden im Stall, redete ihnen gut zu und beruhigte ihre Tiere.

Zwischen den Kriegen war der Rungholt-Forscher Andreas Busch von Nordstrand häufig zu Gast bei der Gräfin. Die Gräfin unterstützte die Rungholt-Forschung, auch ihr Neffe entdeckte Kulturspuren im Watt.

Im Jahr 1943 wurde ein britischer Pilot über der Nordsee abgeschossen. Der junge Mann gelangte auf eine Sandbank, entdeckte Siedlungsspuren und glaubte sich gerettet. Er ließ sich nieder und spielte auf einer alten Flöte, die er gefunden hatte, ein kleines Lied. Weit trug der Schall übers Watt bis zur Hallig, wo die Gräfin das Flötenspiel hörte. Frau von Reventlow-Criminil kannte das Watt um ihre Hallig wie ihr eigenes Zimmer, seit Jahrzehnten hatte sie immer wieder ausgedehnte Touren ins Watt unternommen. Nun machte sich die 80-jährige Gräfin auf, den Flötenspieler zu suchen. Schließlich fand sie den Piloten auf den Resten eines alten Sodbrunnens sitzen. Der junge Mann stellte sich als Engländer vor, er sei tags zuvor abgeschossen worden. Als er an eine Sandbank gelangte, glaubte er sich am Ufer und ließ das Boot zurück. Er wusste nicht, dass er mitten im Gezeitenmeer saß. Die Gräfin nahm den Piloten mit auf ihre Hallig und beherbergte ihn einige Wochen. Tagsüber verbarg sich der junge Mann, nur abends konnte er das Haus verlassen. Eines Tages verschwand er. Ein Zettel informierte die Gräfin, er ginge durchs Watt nach Nordstrand, um sich dort zu stellen. Die alte Flöte, eine Okarina aus dem Mittelalter, kann man bis heute im Nordseemuseum in Husum besichtigen.

Der neunzigste Geburtstag der Gräfin im Jahr 1953 wurde noch groß gefeiert, doch ein Jahr später verstarb die Halliggräfin von Südfall. Vier Pferde zogen den gräflichen Leichnam übers Watt. Von ihrem Vermögen blieb nur die Hallig Südfall. Schätze suchten die Erben vergebens.

links: Es gibt nur eine Warft auf Südfall. unten links: Südfall gehört zur Schutzzone 1 des Nationalparks. unten rechts: Natürlich gibt es auch auf Südfall Schafe.

20
SÜDEROOG

Die Hallig Süderoog liegt südwestlich der Insel Pellworm. Im Westen von Süderoog liegt der schützende Süderoogsand. Die Hallig ist 62 Hektar groß und hat zurzeit zwei Bewohner, die einzigen dauerhaften Einwohner in Schutzzone 1 des Nationalparks.

Dank ihrer exponierten Lage ist Süderoog zusammen mit dem Süderoogsand schon in den frühesten Seekarten der nordfriesischen Küste zu finden. Schon Ende des 16. Jahrhunderts als Suder Ough oder Boy Ocksens Halg erwähnt, hat Süderoog seit dieser Zeit wie alle Halligen kontinuierlich an Fläche verloren. Nur der Süderoogsand verhinderte die vollständige Zerstörung der kleinen Hallig.

Boye Ocksen versah als Besitzer der Hallig im frühen 17. Jahrhundert auch das Amt des Strand- und Wrackvogtes. Ihm folgten sein Sohn Hans und danach über 300 Jahre immer Nachfahren des ersten Vogtes als Pächter und im Strandvogt-Amt, der erst »herzoglicher«, dann »königlicher« und zuletzt »preußischer« Strandvogt hieß.

Der Vogt hatte für Bergung von Strandgut und gegebenenfalls die Unterbringung von auf Süderoogsand gestrandeten Seeleuten zu sorgen. Wenn es möglich war, hatte er Schiffe auch wieder flott zu machen. Vom Strandgut jedoch stand ihm nur ein kleiner Anteil zu.

1859 wurde die Pacht Paul Andreas Paulsen übertragen, natürlich ein Nachfahre des Boye Ocksen. 1868 stelle Paulsen den Antrag auf Kauf der Hallig, und nach vielem Hin und Her war er 1871 Besitzer von Hallig, Warft und Haus.

Hermann Neuton Paulsen wurde der bekannteste Bewohner von Süderoog, als er 1927 ein internationales Jugendlager errichtete, die »Hallig der Jungs«. Geprägt von den Erfahrungen des Ersten Weltkriegs, begann er ab 1927 auf Süderoog, eine Begegnungsstätte für Jungen aufzubauen. Jungen unterschiedlicher Länder und verschiedener sozialer Schichten sollten dort gemeinsam ihre Ferien verbringen. In gesunder Umgebung, geprägt von Natur und Landwirtschaft, sollten die Jungen gegenseitigen Respekt lernen, damit sie sich niemals wieder in Waffen gegenüberstünden. Selbst zwischen 1933 und 1945 gelang es den nationalsozialistischen Machthabern nie, Paulsens Ferienwerk in ihrem Sinne gleichzuschalten.

Der Pächter auf Süderoog versieht auch das Amt des Strandvogts.

ROBBE

links oben: Der Pächter von Hallig Süderoog benötigt ein eigenes Boot. links unten: Der Postbote für Hallig Süderoog kommt zu Fuß durchs Watt. oben: Süderoogs einzige Warft.

Hermann Neuton Paulsen starb 1951, seine schwedische Frau Gunvor führte sein Werk weiter. 1960 wurde es in eine Stiftung umgewandelt. Die schwierigen sanitären Verhältnisse, die auf der Hallig auch kaum zu verbessern waren, die gestiegenen Anforderungen und hohe Unterhaltskosten führten nach und nach zum Niedergang des Ferienwerks. Die Hallig Süderoog wurde 1971 an das Land Schleswig-Holstein verkauft, die Stiftung aufgelöst.

Der alte Vierseithof wurde zum Teil abgebrochen, der Westteil und das Südhaus blieben erhalten. Heute steht Süderoog unter Naturschutz und wird direkt vom Nationalparkamt verwaltet. Süderoog ist an ein Ehepaar verpachtet, das dort auch wohnt, das Amt des Nationalparkwartes versieht, einige Schafe, Kühe und Hühner hält und sich um den Erhalt der Hallig kümmert. Süderoog gehört zur Schutzzone 1 des Nationalparks. Die Post für die Halligbewohner bringt der einzige Postbote, der durchs Watt kommt, Knud Knudsen.

Touristen können Süderoog in geführten Gruppen von Pellworm aus erreichen. Die Tour dauert ungefähr anderthalb Stunden, zwei Stunden Aufenthalt hat man auf Süderoog. Das Wattgebiet vor Süderoog ist recht reich an Muscheln. Wer empfindliche Fußsohlen hat, dem sei empfohlen, ein Paar alte Turnschuhe zu Schutz zu tragen.

21
HAMBURGER HALLIG

Die einzige Hallig, die Hallig im Namen trägt, ist eigentlich seit gut 100 Jahren keine mehr. 1875 wurde der Damm vom Festland zur Hallig gebaut. Seitdem verlandet die Verbindung immer großflächiger, so dass man mittlerweile schon fast von der Hamburger Halbhallig sprechen könnte, die sich dem Deichvorland des Sönke-Nissen-Kooges anschließt.

Die Hamburger Hallig entstand nach dem Untergang von Alt-Nordstrand in der Flut von 1634. Sie ist der Rest des eingedeichten Alt-Nordstrander Vorlandes von Volgesbüll im östlichen Bogen der Insel. 1624 wurde es von den wohlhabenden Hamburger Kaufleuten Rudolf und Arnold Amsinck gepachtet. Die Brüder investierten 300.000 Taler, um das Land einzudeichen und in fruchtbares Acker- und Weideland zu verwandeln. Der Amsinck-Koog entstand. Die große Sturmflut von 1634 zerstörte den Koog und trennte ihn in zwei Teile. Nur ein Teil blieb erhalten. Der Deichschutz ging nach und nach ganz verloren, der ehemalige Koog wurde zur Hallig.

Weil man festgestellt hatte, dass an Dämmen die Verlandung besonders gut fortschritt, baute man 1860 den ersten Damm zur Hamburger Hallig und verstärkte ihn 15 Jahre später noch einmal nachhaltig. Seit 1901 ist der Damm befahrbar. Die 110 Hektar Halligfläche ohne Vorland sind als Schafweide verpachtet. Das Grundwasser unter der Hallig ist übrigens Süßwasser.

Hallig und Deichvorland sind Naturschutzgebiet seit 1930. Am seeseitigen Ende der Hallig befindet sich eine Badestelle, die an warmen Tagen ein beliebtes Naherholungsziel ist.

Die Hauptwarft der Hamburger Hallig mit dem Halligkrog.

Der Weg über das Deichvorland zur Hamburger Hallig dauert ungefähr eine Stunde zu Fuß. Man kann auch Fahrräder mieten oder, wenn es unbedingt nottut, gegen eine Gebühr das Auto nehmen.

Die Hamburger Hallig ist ideal für die schnelle Dosis Hallig, wenn man das Schiff vermeiden möchte.

EIN GANG ÜBER DIE HAMBURGER HALLIG

Amsinck-Haus – Schafberg – Salzwiesenpfad – Halligkrog – Badestelle und zurück, ungefähr 4 Kilometer. Für Fußgänger, und ohne Salzwiesenpfad auch für Radfahrer.

Wir beginnen unsere Tour am **Amsinck-Haus** im **Sönke-Nissen-Koog**. Von dort geht es über den Deich, von dem man eine schöne Aussicht über das **Vorland** bis zur **Hamburger Hallig** hat. Der Weg geht meistenteils geradeaus, so dass man Gelegenheit hat, rechts und links zu schauen und vielerlei Vögel zu entdecken.

oben: Im Vorland weiden Schafe. Mitte: Fahrräder kann man am Amsinck-Haus mieten. unten: Diese Hallig kann man trockenen Fußes erreichen.

Auf dem Wegstück bis zum Schafberg kann man – je nach Jahreszeit – oft große Mengen **Nonnengänse** in den Fennen rasten sehen. Genau auf halbem Weg zwischen Festlandsdeich und Hauptwarft liegt der **Schafsberg**, die erste Warft der Hamburger Hallig. Dort betreibt der **NABU**, der die Hamburger Hallig betreut, ein kleines Informationszentrum, das in der Regel von Freiwilligen betreut wird. Dort findet man Rat, wenn man wissen will, was man gerade wo am besten beobachten kann.

Kurz hinter dem Schafsberg geht es links ab in den **Salzwiesenpfad**. Hier vom Hauptweg abzuweichen, lohnt sich sehr. Die Salzwiese ist ein faszinierendes Ökosystem, das man mit allen Sinnen wahrnehmen kann – den Geruch des **Wermuts**, den Geschmack der **Portulak-Keilmelde**, die Farbe des **Quellers**, den **Halligflieder**, die **Strandaster**. Wer mehr über Salzwiesen lernen möchte, dem sei eine fachkundige **Salzwiesenführung** über die Hamburger Hallig empfohlen. Am Salzwiesenpfad entdeckt man manchmal mit viel Glück ein kunstvoll gebautes und gut getarntes Nest eines **Rotschenkels**.

Der Salzwiesenpfad stößt wieder auf den Hauptweg. Dem folgen wir jetzt bis zur **Warft**. Die Hamburger Hallig besitzt eigentlich drei Warften, aber nur eine ist richtig bebaut. Auf dieser Hauptwarft befinden sich die **Gaststätte** Hallig Krog, ein Stützpunkt des **Nationalparkservice** (NPS) und die **Wattwerkstatt**, eine kleine Ausstellung des NPS. Von der Warft aus kann man Richtung Norden bei auflaufendem Wasser gut **Limikolen** beobachten, in den Fennen vor der Warft halten sich gerne Gänse – **Nonnengans**, **Ringelgans** – auf.

Von der Warft hat man beinahe einen **Rundumblick** über die Halligwelt. Von links: Nordstrand, Nordstrandischmoor, bei guter Sicht Südfall, Pellworm, Hooge,

Langeness, Gröde und ganz rechts Oland.
Wir verlassen die Warft in Richtung **Badestelle** an der Halligkante. Ohne den steinernen Schutz wäre auch diese Hallig längst verschwunden. Der **Kuhberg** liegt ungefähr 300 Meter südlich der Hauptwarft und dient als Rettungshügel für die Schafe bei leichten Landuntern.
Ungefähr in der Mitte der Steinkante führt ein Weg direkt zum Parkplatz unterhalb der Warft. Den nehmen wir und machen uns auf den Rückweg in Richtung Festlandsdeich.

SÖNKE-NISSEN-KOOG

Der Sönke-Nissen-Koog ist der letzte Koog, den man durchfährt, unmittelbar, bevor mal zur Hamburger Hallig gelangt. Er ist schon von weitem an den leuchtend grünen Dächern erkennbar.
Der Sönke-Nissen-Koog ist der jüngste Koog im Gebiet der Gemeinde Reußenköge, der bewohnt und landwirtschaftlich genutzt wird. Auf Initiative einer Deichbaugenossenschaft lokaler Landwirte wurde der Koog zwischen 1924 und 1926 eingedeicht.
Der Koog ist benannt nach Sönke Nissen (1870–1923). Nissen wanderte als junger Zimmermann von Nordfriesland nach Deutsch-Südwestafrika aus und machte dort Karriere als Handwerker und Ingenieur. Nissen war Bauleiter der Eisenbahnstrecke Lüderitzbucht-Keetmanshop. Beim Bau dieser Bahn wurde in Lüderitz neue Diamantenvorkommen gefunden, das auch Sönke Nissen reich machte.

Sönke Nissen kehrte nach Deutschland zurück, reich, aber nicht gesund. Er unterstützte Bedürftige und spendete große Summen für die Eindeichung des neuen Kooges. Den Beginn des Deichbaus erlebte er nicht mehr, er starb nach langer Krankheit im Jahre 1923. Die Familie Nissen erhielt als Entschädigung für den finanziellen Einsatz sieben Höfe, die alle nach Bahnstationen zwischen Lüderitzbucht und Keetmanshoop benannt sind. Heute hält die Familie Nissen kein Eigentum mehr im Koog. Die Höfe wurden alle nach Entwürfen des Architekten Heinrich Stave gebaut. Alle haben trotz unterschiedlicher Größe ähnliche Grundrisse, weiße Wände und grüne Dächer, ganz im Stil der Farmhäuser im ehemaligen Deutsch-Südwestafrika.

oben: Das Nordende der Hamburger Hallig. unten: NABU-Infohaus auf dem Schafberg.

MITTEL UND WEGE – DER INFOTEIL

Ein Buch ist nur ein mäßig taugliches Medium, aktuelle Informationen zu transportieren. Daher bitten wir um Nachsicht, wenn die eine oder andere Angabe nicht mehr korrekt sein sollte.

DIE HALLIGEN

GRÖDE

Unterkunft und Vermietung:
Internet: www.groede.de
Telefon: Sabine Kolk 04674-1448,
Claudia Mommsen 04674-302

Anreise:
Nach Gröde existiert keine Linienschiffsverbindung. Ausflugsschiffe (s.u.) verkehren in der Saison regelmäßig ab Schlüttsiel. Feriengäste reisen mit der MS Seeadler, Kapitän v. Holdt, dazu wenden Sie sich bitte an Ihren Gastgeber.

Angebote:
Auf Gröde gibt es nur einen kleinen Kiosk auf der Knudswarft. Zu besichtigen: Kirche und Friedhof auf der Kirchwarft.

HAMBURGER HALLIG

Anreise:
Mit dem Auto durch den Sönke-Nissen-Koog, Hamburger Hallig ist ausgeschildert. Parkplatz am Amsinck-Haus. Gegen Maut auch Fahrt bis zum Halligkrog möglich. Am Amsinck- Haus befindet sich ein Fahrradverleih. Sonst zu Fuß auf dem Plattenweg bis zur Badestelle.

Angebote:
Auf der Hamburger Hallig gibt es eine Gaststätte, den Halligkrog.

Unterkunft und Vermietung:
keine

Information:
Im Sönke-Nissen-Koog im Amsinck-Haus, auf dem Schafberg der Hamburger Hallig das Info-Zentrum des NABU.

HOOGE

Information:
Die Touristinformation befindet sich auf der Hanswarft.
Internet: www.hooge.de
Telefon: 04849-9100
Email:info@hooge.de

Anreise:
Mit der Fähre MS Hilligenlei I ab Schlüttsiel, April bis Oktober täglich, November bis März mehrfach wöchentlich. Fahrzeit Schlüttsiel-Hooge ca. 75 Minuten.. Fahrzeuge sollten nach Möglichkeit am Festland bleiben. Feriengäste werden von ihren Gastgebern vom Schiff abgeholt. Ein Parkplatz steht in Schlüttsiel hinter dem Fährhaus zur Verfügung. Mit der MS Adler-Express ab Strucklahnungshörn, April bis Oktober täglich. Mit verschiedenen Ausflugsschiffen (s.u.).

Unterkunft und Vermietung:
Hooge verfügt über ein Hotel, mehrere Gruppenunterkünfte und eine Reihe privater Vermieter, die Zimmer oder Ferienwohnungen vermieten. Auskünfte erteilt

die Touristinformation. Das Gastgeberverzeichnis gibt es zum Download unter www.hooge.de.

Angebote:
Es gibt mehrere Cafés und Restaurants mit unterschiedlichen kulinarischen Schwerpunkten auf der Backenwarft und der Hanswarft.
Auf der Hanswarft befinden sich auch Geschäfte, wo der Gast Andenken oder Halligkunst erstehen kann.
Auf der Hanswarft steht auch der Halligkaufmann zur Verfügung. Er liefert bei Bedarf auch in die Ferienwohnung (Kontakt: 04849-290, www.halligkaufmann.de). Auf Mitteltritt befindet sich ein Hofladen, in dem Lammprodukte, Honig etc. angeboten werden.
Zu besichtigen ist auf der Hanswarft: Königspesel, Heimatmuseum, Wattenmeerhaus der Schutzstation Wattenmeer, Sturmflutkino. Auf der Kirchwarft: Halligkirche mit Friedhof (montags geschlossen). Fahrradverleih am Anleger.
Gesundheitsversorgung: Es gibt keinen Arzt auf der Hallig. Die Halligkrankenpflege verfügt über eine Sanitätsstation auf der Hanswarft. Telefon: 04849-901004.

HALLIG LANGENESS UND HALLIG OLAND

Anreise:
Langeness: Mit der Fähre MS Hilligenlei I ab Schlüttsiel, April bis Oktober täglich, November bis März mehrfach wöchentlich. Fahrzeit Schlüttsiel-Hooge ca. 75 Minuten. Fahrzeuge sollten nach Möglichkeit am Festland bleiben. Feriengäste werden von ihren Gastgebern vom Schiff abgeholt. Ein Parkplatz steht in Schlüttsiel hinter dem Fährhaus zur Verfügung. Mit verschiedenen Ausflugsschiffen (s.u.).
Oland: Mit verschiedenen Ausflugsschiffen. Im Rahme einer Wattwanderung ab Dagebüll (s.u.). Feriengäste werden nach Absprache vom Vermieter von Dagebüll mit der Lore abgeholt.

Information:
Die Touristinformation befindet sich auf Ketelswarf.
Internet: www.langeness.de
Telefon: 04684-217
Email: info@ langeness.de

Unterkunft und Vermietung:
Langeness verfügt über ein Hotel, mehrere Gruppenunterkünfte und eine Reihe privater Vermieter, die Zimmer oder Ferienwohnungen vermieten. Auf Oland bieten private Vermieter Ferienwohnungen an. Auskünfte erteilt die Touristinformation.

Angebote:
Langeness bietet einen Kiosk auf der Rixwarf, ein Restaurant auf Hilligenley, eines auf der Mayenswarf und ein Café auf der Ketelswarf. Oland verfügt über eine Gaststätte, die aber nur nach Voranmeldung (Telefon: 04667-390) für Gruppen öffnet.
Langeness verfügt derzeit nicht über einen Laden, jedoch bietet ein Kaufmann aus Niebüll Lieferung frei Haus nach Vorbestellung an. Dazu setzen Sie sich bitte mit Ihrem Gastgeber in Verbindung. Auf der Hunnenswarf bietet der Biohof eigene Produkte ab Hofladen. Die Versorgung

auf Oland sprechen Sie bitte mit ihrem Gastgeber ab.
Zu besichtigen auf Langeness: Auf der Ketelswarf das Kapitän-Tadsen-Museum und Gertsen Haus, auf der Honkenswarf die Friesenstube. Auf der Rixwarf eine kleine Ausstellung der Schutzstation Wattenmeer.
Gesundheitsversorgung: Es gibt keinen Arzt auf der Hallig. Die Halligkrankenpflege verfügt über eine Sanitätsstation auf Hilligenlei. Telefon: 04684-222.

HALLIG NORDEROOG, JAPSAND UND NORDEROOGSAND

Anreise:
Norderoog und Japsand: Mit einer geführten Wattwanderung von Hallig Hooge nach Ende der Brutzeit.
Norderoogsand: Mit der MS Gebrüder von Pellworm und manchmal von Hooge.

Information:
Norderoog und Japsand: Schutzstation Wattenmeer Hallig Hooge
Internet: www.schutzstation-wattenmeer.de
Telefon: 04849-229
E-Mail: hooge@schutzstation-wattenmeer.de
Norderoogsand: Kur- und Tourismusservice Pellworm
Telefon 04844-189-40
E-Mail: info@pellworm.de

Unterkunft, Vermietung:
keine

HALLIG NORDSTRANDISCHMOOR

Anreise:
Es existiert keine regelmäßige Schiffsverbindung. Ausflugsschiffe der Adler-Reederei (s.u.) steuern Nordstrandischmoor im Sommer regelmäßig an.
Zudem werden regelmäßig Wattwanderungen ab Lüttmoorsiel angeboten (s.u.). Feriengäste werden nach Absprache vom Vermieter von Lüttmoorsiel mit der Lore abgeholt.

Information:
Touristinformation Nordstrand:
Telefon: 04842-454
www.nordstrand.de

Unterkunft und Vermietung:
Internet: www.nordstrandischmoor.de
Telefon: Ruth Hartwig-Kruse: 04842-373,
Susanne Siefert: 04842-900 571

Angebote:
Auf der Neuwarft befindet sich die Gaststätte Halligkrug. Zu besichtigen: Friedhof nahe der der Amalienwarft.

HALLIG SÜDEROOG

Anreise:
Im Rahmen einer geführten Wattwanderung von Pellworm.

Information:
Kur- und Tourismusservice Pellworm:
Telefon 04844- 189-40
E-Mail: info@pellworm.de

Unterkunft und Vermietung:
keine

Angebote:
Bei Ankunft der Gruppen gibt es Getränke und selbst gebackenen Kuchen.

HALLIG SÜDFALL

Anreise:
Im Rahmen einer geführten Wattwanderung oder mit der Kutsche von Fuhlehörn, Nordstrand.

Information:
Touristinformation Nordstrand
Telefon: 04842-454
www.nordstrand.de

Unterkunft und Vermietung:
keine

Angebote:
Im kleinen Infozentrum gibt es Kaffee, Kuchen und kleine Snacks.

REEDEREIEN UND SCHIFFE

WYKER DAMPFSCHIFFS-REEDEREI
Hafen: Schlüttsiel, Wittdün/Amrum, Wyk/Föhr
Internet: www.faehre.de
E-Mail: info@faehre.de
Telefon: 0 1805-0 80140 *
täglich 8:00-18.00 Uhr

ADLER-REEDEREI
Hafen: Strucklahnungshörn/Nordstrand, Wittdün/Amrum, Hörnum/Sylt
Internet: www.adler-schiffe.de
E-Mail: info@adler-schiffe.de
Telefon: 0 1805-12 3344 *

HALLIG-REEDEREI HEINRICH VON HOLDT
Hafen: Schlüttsiel
Internet: seeadler-hooge.de
E-Mail: mail@seeadler-hooge.de
Telefon: 0 4674-15 35,
Bordtelefon: 0170-7719994

HALLIG-REEDEREI MS HAUKE HAIEN
Kapitän Bernd Diedrichsen
Hafen: Schlüttsiel
Internet: www.wattenmeerfahrten.de
E-Mail: info@ wattenmeerfahrten.de
Telefon: 04841-81481,
Mobil: 0171 -77 05 877

MS RUNGHOLT
Kapitän Uwe Petersen
Hafen: Schlüttsiel
Internet: www.halligmeerfahrten.de
E-Mail: info@ halligmeerfahrten.de
Telefon: 04667-367

MS EILUN
Kapitän Bandix Tadsen
Hafen: Wittdün/Amrum
Internet: www.eilun.de
Telefon: 04682-2333

* (14 C/Min. Festnetz bundesweit, Mobil max. 42 C/Min.)

WATTWANDERUNGEN UND ANDERE NATURFÜHRUNGEN

Es gibt verschiedene Organisationen und Wattführer, die Wattwanderungen oder Naturführungen in den verschiedenen Gebieten anbieten. Folgende Adresse versammeln viele von ihnen:

- www.nationalpark-partner-sh.de/natur-und-erlebnis
- www.wattenloepers.de
- www.schutzstation-wattenmeer.de
- www.amsinck-haus.de
- www.erlebnistouren-nordfriesland.de

Manche Reederei bietet auch Fahrten durch das Wattenmeer mit Begleitung eines Nationalpark-Rangers an. Bitte informieren Sie sich über diese Angebote direkt bei den Reedereien.
Interessante Veranstaltungen bieten auch die jedes Jahr stattfindenden Ringelganstage: www.ringelganstage.de

KLEINES GLOSSAR

Bake – Seezeichen zur Markierung eines Sandes, einer Einfahrt, einer Untiefe. Auf dem Süderoogsand befindet sich eine große Bake mit einem Not-Raum für Schiffbrüchige.

Beet – Aufschlickung zur Landgewinnung, entwässert durch → Grüppen

Bilegger – Ofen, meist in der Stube eines Halligkhauses, der von der Küche aus mit Brennmaterial beschickt wird. So bleibt die Stube sauber.

Blanker Hans – Die Nordsee, besonders wenn sie stürmisch aufgewühlt ist.
Bockmühle – Mühle auf einem Bock, daher die Bezeichnung. So kann die ganze Mühle in den Wind gedreht werden.

Brackwasser – Mischung aus Salz- und Süßwasser

Buhne – Damm, der von der Küstenlinie senkrecht ins Meer ragt. Kann aus Stein oder Flechtwerk sein. Dient dazu, Strömungen, die parallel zur Küste verlaufen, abzulenken.

Ditten – Gestampfte Blöcke aus Rinder- oder Schafsmist. Früher Heizmaterial z.B. für den → Bilegger auf den Halligen.
Döns/Dörns – Alltagsstube des Halligkhauses, beheizt mit → Bilegger.

Ebbe – Ablaufendes Wasser zwischen Hoch- und Niedrigwasser.

Fahrwasser – Schiffbarer Bereich des Wattenmeers, oft Priele.

Fenne – Halligwiese zur Beweidung.

Fething – Teichartiges Wasserreservoir für Trinkwasser für das Vieh.

Flut – Auflaufendes Wasser zwischen Niedrigwasser und Hochwasser.

Geest – Landflächen aus eiszeitlichen Ablagerungen, zumeist sandig; höher gelegen.

Gezeiten – auch Tiden: Niedrigwasser → Flut → Hochwasser → Ebbe. Zweimal täglich.

Grüppen – Entwässerungsgräben zwischen Beeten.

Harde – alte dänische Verwaltungseinheit

Klei – Lehmiger Sedimentboden. Grundlage der Marsch.

Koog – Durch Landgewinnung und Eindeichung gewonnenes Stück Marschland.

Lahnung – Gerne in Feldern (Lahnungsfelder) angeordnete Dämme aus Flechtwerk, senkrecht und küstenparallel, zur Beruhigung von Strömung und Förderung der Sedimentation.

Marsch – Sedimentboden, küstennah. Sehr fruchtbar.

Meede – Halligwiese zum Heumachen (Mahd).

Nipptide – besonders niedriges Niedrigwasser.

Pensionsvieh – Tiere, die Festlandsbauern gehören und den Sommer über auf der Hallig grasen.

Pesel – Prunkstube des Halligausses, ungeheizt, nur für Festlichkeiten.

Pricken – Markierungspfähle im Watt, begrenzen das → Fahrwasser.

Priel – Wasserinne im Watt. Tiefe Priele führen auch bei Niedrigwasser noch Wasser.

Salzwiese – spezielle Vegetation in Überflutungsbereichen.

Siel – Durchlass eines Entwässerungsgrabens (Sielzug) durch einen Deich, zumeist selbstschließend.

Sommerdeich – niedriger Deich

Springtide – Hohes Hochwasser und Niedriges Niedrigwasser.

Stöpe – verschließbare Öffnung im Deich, zumeist für eine Straße oder einen Weg oder zur Entwässerung einer Hallig.

Tide – Ebbe, Flut (→ Gezeiten)

Tidenhub – Maß des Unterschieds zwischen Hoch und Niedrigwasser.

Tief – Tiefer Wasserlauf in der Marsch und im Watt

Uthlande – Land vor der Geest, Gruppe von → Harden in der → Marsch

Vorland – Land vor dem Deich, oft mit → Salzwiese

Warft – Wohnhügel in der → Marsch und auf den Halligen

MEHR LESEN ÜBER HALLIGEN

Die Autoren haben folgende Bücher verwendet oder empfehlen sie als weitere Lektüre zum Thema. Einige von ihnen sind nur noch antiquarisch erhältlich.

Halligen – Kultur, Geschichte, Geschichten

Bantelmann, Albert, Albert Panten, Rolf Kuschert: Geschichte Nordfrieslands, Heide: Boyens Verlag 1995.

Bantelmann, Albert, Albert Panten, Rolf Kuschert, Thomas Steensen: Geschichte Nordfrieslands, Bd. 6, Bredstedt: Nordfriisk Instituut 2009.

Hansen, Willy: Die Halliggräfin von Südfall, Nordstrand: M.-G- Schmitz 2008.

Harth, Ulli: Habel. Inbegriff einer Hallig, Kelkheim: M.-G. Schmitz 2001.

Harth, Ulli: Untergang der Halligen, Hamburg: Christians 1999.

Holdt, Hans von: Auf den Spuren des alten Hooge mit Postschiffer Hans von Holdt, Husum: Breklumer 1991.

Jenemann, Christiane: Halliglüüd, Nörvenich: Gruenprint 2012.

Kalhorn, Heiner: Halligleben auf Langeneß – Inselgeschichten, Gudensberg: Wartberg 2010.

Karff, Fritz: Hallig Nordstrandischmoor. Aus der Chronik, Hamburg: Christians 1982.

Lengsfeld, Klaus(Hg.): Halligleben um 1900, Heide: Boyens 1998.

Lorenzen, Jens: Deutsch-Halligfriesisch, Bredstedt: Nordfriisk Instituut 1977.

Lorenzen, Jens: Die Hallig Nordmarsch-Langeness in alten Bildern, Hamburg: Helmut Buske 1998.

Lorenzen, Jens: Die Halligen in alten Abbildungen, Bredstedt: Nordfriisk Instituut 1992.

Lorenzen, Jens: Die Halligkirchen in alten Aufnahmen, Bredstedt: Nordfriisk Instituut 1993.

Lorenzen, Jens: Die Seefahrtsepoche der Halligen, Hamburg: Helmut Buske 1992.

Lorenzen, Jens: Drei Hallig-Beschreibungen aus der Zeit um 1800, Bredstedt: Nordfriisk Instituut 1990.

Lorenzen, Lorenz: Genaue Beschreibung der wunderbaren Insel Nordmarsch 1749, Hamburg: Helmut Buske 1992.

Meier, Dirk: Die Nordseeküste: Geschichte einer Landschaft, Heide: Boyens 2006.

Möckelmann, Dirk: 1957, Ein Heujunge erzählt seine Geschichte über Hallig Langeneß, 1957.

Möller, Theodor: Die Welt der Halligen, Kiel: Schleswig-Holsteinische Verlagsanstalt Wilh. Handorff 1924.

Müller, Friedrich: Das Wasserwesen an der Schleswig-Holsteinischen Nordseeküste, Erster Teil: Die Halligen, Bd. 2, Berlin: Dietrich Reimer 1955/58.

Pachtenfels, Jürgen: Durch Watt und Priel: Eine Wanderung durch die nordfriesische Hallig- und Inselwelt, Husum: Husum Verlagsgruppe 2001.

Quedens, Georg: Die Halligen, Husum: Breklumer 2012.

Quedens, Georg: Die Halligen, Nordstrand und Pellworm erzählen, Münsterdorf: Hansen & Hansen 1980.

Renger-Patzsch, Albert: Die Halligen, Berlin: Albertus 1927.

Rüsen, Hanne-Ruth, Johann Petersen: Halligbahn, Quedlinburg: Herdam 2011.

Schirrmacher, Günter: Hallig Hooge, Husum: Breklumer 2004.

Schulte-Wülwer, Ulrich: Föhr, Amrum und die Halligen in der Kunst, Heide: Boyens 2012.

Wergin, Joachim: Halligleben: Im Wandel der Zeiten, Hamburg: Lühr & Dircks 1997.

Natur, Wattenmeer, Weltnaturerbe:

Barthel, Peter-H.: Vögel an Strand und Küste, Stuttgart: Kosmos 2002.

Janke, Klaus, Bruno Kremer, Fritz Gosselck: Der große Kosmos-Naturführer. Strand und Küste, Stuttgart: Kosmos 2005.

Kock, Klaus: Das Watt – Lebensraum auf zweiten Blick, Husum: Naturschutzgesellschaft Schutzstation Wattenmeer 1998.

Krug, Joachim: Ebbe und Flut: Das Wunder der Gezeiten, Wilhelmshaven: Küstenverlag 2004.

Künnemann, Thorsten-D.: Salzwiesen: Überleben zwischen Land und Meer, Oldenburg: Isensee 1997.

Meier, Dirk: Weltnaturerbe Wattenmeer: Kulturlandschaft ohne Grenzen, Heide: Boyens 2010.

Moning, Christoph, Felix Weiss: Kosmos Naturführer Vögel beobachten in Norddeutschland, Stuttgart: Kosmos 2010.

Quedens, Georg: Natur erleben an Nordsee und Ostsee, München: BLV 2005.

Stock, Martin, Hans-Heiner Bergmann, Herbert Zucchi: Watt, Lebensraum zwischen Land und Meer, Heide: Boyens 2007.

Svensson, Lars et al.: Der neue Kosmos Vogelführer: Alle Arten Europas, Nordafrikas und Vorderasiens, Stuttgart: Kosmos 2011.

Wagner, Michael: Das Schleswig-Holstein Wetter, Heide: Boyens 1998.

Wilhelmsen, Ute, Martin Stock: Weltnaturerbe Wattenmeer, Neumünster: Wachholtz 2010.

Wilhelmsen, Ute, Martin Stock: Wissen Wattenmeer, Neumünster: Wachholtz 2011.

Wilhelmsen, Ute, Martin Stock, Susanne Wild: Watt für Entdecker, Neumünster: Wachholtz 2011.

BILDNACHWEIS

S. 21: Aus: Die Landkarten von Johannes Mejer, Husum, aus der neuen Landesbeschreibung der zwei Herzogtümer Schleswig und Holstein von Caspar Danckwerth D. 1652., Reprint Verlag Otto Heinevetter Hamburg Bergedorf 1963
S. 22: Kupferstich 1723, Wikipedia, public domain.
S. 23: Zeitgenössischer Kupferstich, Wikipedia, public domain.
S. 25: Kupferstich 18. Jh. , Wikipedia, public domain.
S. 28: Zeitgenössischer Kupferstich, Wikipedia, public domain.
S. 29: Gemälde von Wilhelm van de Velde d.J. 1670: »Niederländisches Schiff feuert Salut« , Wikipedia, public domain.
S. 33: Foto von 1908, State Library of Victoria, Wikipedia, public domain.
S. 35: Foto Wilhelm Dreesen um 1895.
S. 37: Postkarte, gelaufen 1909, eig. Sammlung.
S. 42: Postkarte, gelaufen 1924, eig. Sammlung.
S. 42: Postkarte, ungelaufen, unbek. Alter, eig. Sammlung.
S. 47: Foto Wilhelm Dreesen um 1895.
S. 48: Postkarte, gelaufen 1939, eig. Sammlung.
S. 48: Postkarte, ungelaufen, vermutlich um 1910, eig. Sammlung.
S. 49: Nach Th. Möller, die Welt der Halligen, Verlag Wilhelm Handorff Kiel 1924.
S. 52: Postkarte 1905, eig. Sammlung.
S. 55: Postkarte, ungelaufen, unbek. Datum, vermutlich vor dem 2. Weltkrieg, eig. Sammlung.
S. 56: Foto Wilhelm Dreesen um 1895.
S. 58: Postkarte 1908, ungelaufen, eig. Sammlung.
S. 58: Postkarte, unbek. Datum, eig. Sammlung.
S. 68: Postkarte Winterhilfswerk 1933/34, ungelaufen, eig. Sammlung.
S. 74: Bildquelle unbekannt, Fotosammlung im Hooger Pastorat.
S. 74: Wetterkarte des Deutschen Wetterdienstes.
S. 79: Postkarte, gelaufen 1904, eig. Sammlung.
S. 115: Foto Peter Osbahr/LF-Archiv.
S. 142: Gemälde von L. Aumont 1831, Wikipedia, public domain.
S. 150: Gemälde von F.C. Grøger 1808, Wikipedia, public domain.
S. 162: Weckmann/Wittenburg: Norderoog – ein deutsches Vogelparadies, Hugo Bermühler-Verlag Berlin 1931.
S. 190: Foto Gerhard Waldherr.
S. 191: Foto Gerhard Waldherr.
S. 192: Fotos Gerhard Waldherr.
S. 193: Foto Gerhard Waldherr.

Alle anderen Abbildungen stammen von den Autoren.

Jennifer Timrott
Jahrgang 1969, Multimedia-Fachfrau, Journalistin, Fotokünstlerin, Texterin. Liebt die Nordsee, das Wattenmeer, Salzwiesen und den Vogelzug.

Frank Timrott
Jahrgang 1965, Krankenpfleger, Fotokünstler, geschichtsbegeistert. Liebt seit der Kindheit die Nordsee und ist fasziniert davon, wie die Menschen die Küste gestaltet haben und immer noch gegen das Meer verteidigen.

IMPRESSUM

© 2013 Wachholtz Verlag, Neumünster

Das Werk, einschließlich aller seiner Teile, ist urheberrechtlich geschützt. Jede Verwertung ist ohne Zustimmung des Verlags unzulässig. Das gilt insbesondere für Vervielfältigungen, Übersetzungen, Mikroverfilmungen und die Einspeicherung und Verarbeitung in elektronischen Systemen.

Layout: Stephanie Raubach, Berlin
Druck und Bindung: fgb, freiburger graphische betriebe
Printed in Germany
ISBN 978-3-529-05009-1

Besuchen Sie uns im Internet:
www.wachholtz-verlag.de